Edeltraut Giese

Mein liebes Kind

Tagebuch
an meine
uneheliche Tochter

(Hrsg. Cornelia Giese)

Für alle alleinerziehende Mütter und
Unternehmerinnen mit Kind,
für Frauen, die die Freiheit und
Selbstbestimmung der patriarchalen Ehe der
der Hausfrau und Mutter vorziehen,
und/oder die auch nicht die Wahl hatten.
*Besonders für die betrogenen Frauen, die zwei Weltkriege
miterlebt haben.*

Edeltraut Giese

Mein liebes Kind

Briefe an meine uneheliche Tochter

Ehrlich, einfühlsam, herzergreifend, anrührend und
mutig, eine Frau und Unternehmerin, die 1918 - 1989
ihren Weg ging.

Ein Zeitdokument

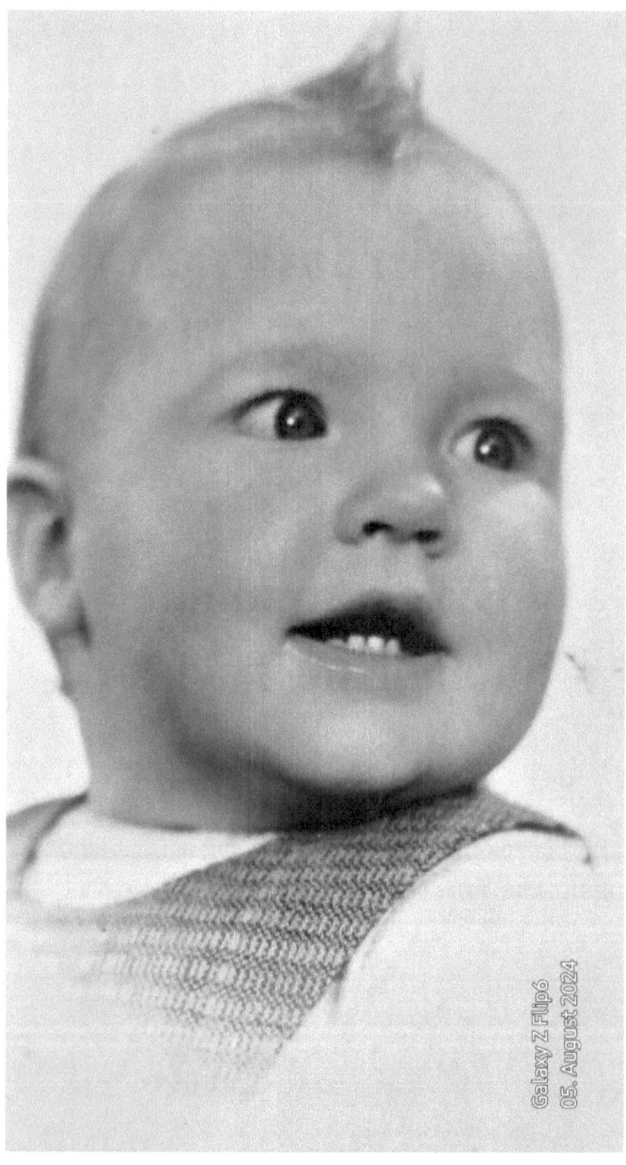

1. Auflage
© 2024 Edeltraut Giese
Verlag: BoD · Books on Demand GmbH,
Überseering 33, 22297 Hamburg, bod@bod.de
Druck: Libri Plureos GmbH,
Friedensallee 273, 22763 Hamburg
ISBN: 978-3-8192-2653-3

Vita der Autorin

Edeltraut Giese (1918 – 1989) war nach ihrem Abitur eine Künstlerin, Modedesignerin, Handgewerblerin, Weberin und Unternehmerin, die 10 Jahre eine Boutique und 35 Jahre einen Handwerksbetrieb (eine Produktion von handgewebten Stoffen und Modellen, *Hagener Jahrbuch von 2024, Impulse zur Stadt, Heimat- und Kunstgeschichte, Edelmodelle Giese, handgewebte Eleganz, - weltweit gefragt, von Petra Holtmann*) mit 40 Angestellten führte. Aus selbst gewebten Stoffen auf riesigen Webstühlen fertigte sie Kleider, Kostüme und Sakkos. Sie hat auf der Weltausstellung in New York 1964 Aufträge für die Kaiserkrönung des Schahs von Persien erhalten und jährlich bis zu ihrer Betriebsauflösung 1987 auf ca. 20 Messen ausgestellt. U.a. in Berlin auf der „Grünen Woche", in Hamburg auf „Du und Deine Welt", auf der IGEDO in Düsseldorf, auf der Internationalen Frankfurter Messe, doch auch in Stuttgart, München, Goslar, Hannover, Dortmund, Wiesbaden, Frankfurt usw.

Aufgrund der Kriegswirren hat meine Mutter nie geheiratet. Sie war vier Mal verlobt, doch alle Männer sind leider im Krieg gefallen.

1959 gebar sie mich dann glücklicher Weise, ihre uneheliche Tochter, die ihr gesamter Lebensinhalt wurde, und ihr einen neuen Lebenssinn gab.

Edel Modelle

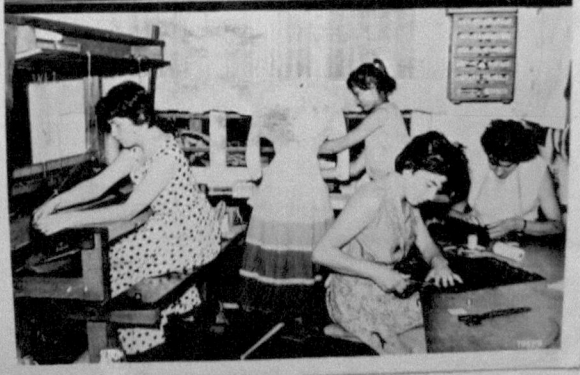

Vorwort

Aus Dankbarkeit und Verehrung für meine Mutter habe ich 66 Jahre nach der Abfassung ihres Tagebuchs an mich als Baby, erst jetzt ihr Tagebuch gefunden und lesen können, weil es in Sütterlin abgefasst war. Nochmals herzlichen Dank an die Sütterlin-Stuben in Hamburg, die dieses Vorhaben ermöglicht haben.

Ein Zeitdokument, Ende der 50er, Anfang der 60er Jahre, dem Wirtschaftswunder in Deutschland.-
Ich denke, dieses Büchlein stellt deshalb ein extraordinäres Zeitdokument dar, weil es veranschaulicht, wie schwer es besonders allein erziehende Frauen hatten und noch haben, die gezwungen sind, selbst zu arbeiten, oder sogar neben ihrem Beruf als Mutter auch noch ein Geschäft zu führen, ohne Partner. Der ständige Zeitdruck, der Stress und die unvorhergesehenen Ereignisse, die meine Mutter ständig heimsuchten, die keine Schulter hatte, an die sie sich anlehnen konnte, sondern allein, emanzipiert und stark die Herausforderungen des Lebens meisterte, blieben mir als Kind in lebhafter Erinnerung. Meine Mutter war mir in allem ein Vorbild, und ich wäre nicht das, was ich heute bin, ohne sie. Auch ich habe nie geheiratet, jedoch aus freien Entschlüssen. Ich habe meine Freiheit und das Leben an der Seite einer patriarchatskritischen Frau gelebt und geliebt.

Die Gedanken meiner Mutter, die sie ja auch bei Simone de Beauvoir herausgelesen hat, dass eine Frau nur dann ein eigenständiges Individuum ist, was ihr Sinn verleiht, durch die Geburt eines Kind, teile ich nicht. Ich hatte nie den Wunsch, ein eigenes Kind zu bekommen, und doch fühlte ich mich dankbar, komplett und erfüllt in meinem Beruf als Lehrerin und Autorin. Meine Bestimmung war eine andere. Das konnte ich akzeptieren und begrüßen. Deine Ideologie, liebe Mutti, war eben einem anderen Zeitgeist geschuldet, so wie meine Einstellung, sowohl durch meine Kindheit als auch durch meine Gene geprägt wurden, und ebenfalls einem politischen Zeitgeist folgen, wer weiß das schon so genau? Es ist so wie es ist, und das ist gut so. Alles ist mit allem verbunden…bis zu unserer nächsten Inkarnation, hoffentlich….

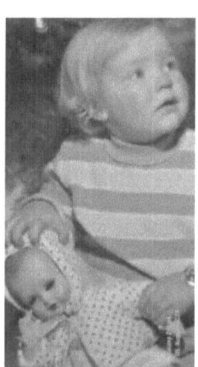

Meine liebe Cornelia!   Mai 1962

Nun ist Deine Mami aber lange von Dir getrennt
gewesen! Du weißt ja, ich musste in München auf der
Messe Kleider verkaufen. Ich hatte schrecklich viel
Arbeit. Aber, ich muss doch Geld verdienen, damit wir
beide etwas zu essen haben und uns Kleider kaufen
können, und alles, was wir brauchen, bezahlen können.
Ob Du das schon verstehst? Mein Liebling! Bist Du
noch mein liebes Schätzchen?
Ob Du mich noch wieder erkennst? Wenn[ich] zurück
komme? Jetzt dauert es aber gar nicht mehr lange!
Wenn Sonntag ist, musst Du noch einmal schlafen, u.
dann bin ich wieder bei Dir. Wirst Du mir auch viele
Küsschen geben und mich ganz feste drücken, wenn Du
mich wiedersiehst? Hoffentlich bist Du auch immer
lieb zu Familie Bruch gewesen und zu all den
Mädchen? (*Mädchen wurden unsere Angestellten
liebevoller Weise genannt*) Oder warst Du ungehorsam
und böse? Gehst Du gern in den Kindergarten? Bist Du
lieb zu den Kindern? Oder kratzt Du sie noch? Wenn
Du ganz lieb warst zu Tante Hübner *(unsere
Schneidermeisterin)* dann bringe ich Dir auch ganz was
Schönes aus München mit! Was wünschst Du Dir
denn? Hast Du auch abends in Deinem Bettchen immer
schön gebetet? Dass der liebe Gott Dich gesund erhält
und Deine Mami gesund von München bald zu Dir
zurückkehrt? Dass der Schutzengel Dich und Deine
Mami behüten und beschützen soll? Oder hast Du das

7

in Deinem Gebet vergessen? Dann musst Du aber heute Abend wenn Du ins Bett gehst, daran denken und zu dem lieben Gott beten. Willst Du es tun? Mein Herzchen, wenn ich nach Hause komme, und ich wieder bei Dir bin, dann machen wir es uns wieder ganz schön gemütlich, ja? Ich will mit Dir spielen, verstecken! und turnen, und Märchen erzählen und was noch? Du darfst Dir viel wünschen.

Also, liebe Cornelia, auf baldiges Wiedersehen, Deine Mutti.

Schreibst Du mir auch noch einen Brief?

Bad Wissee, - der 17. 5. 1960 - Hotel Seeblick

Mein liebes Kind, mein liebes Töchterchen Cornelia!

Dies ist der erste Brief, den ich an Dich schreibe. Du kannst ihn allerdings noch nicht lesen, denn Du bist erst 15 Monate alt. In Gedanken habe ich Dir schon so viele Briefe geschrieben. Schon damals, als Du noch unter meinem Herzen lagst. Nur war ich meistens zu müde – u. mein Beruf nahm mich so in Anspruch, dass ich die vielen Briefe an Dich nicht nieder geschrieben habe. Sie blieben Gedanken. –

Diesen ersten Brief an Dich schreibe ich in Bad Wiessee, ein zauberhaft schöner Ort. Mein Hotelzimmer hat zwei herrliche Balkone, von denen ich auf den Tegernsee hinunterschauen kann. Meine

8

Balkontüren sind weit geöffnet u. während ich schreibe, ich brauche nur meinen Blick heben, liegt vor mir das bezaubernde Panorama: der See, die Berge, leichte Abendstimmung u. das Schönste: ein Regenbogen spannt sich über den See, von einem Berg zum anderen hinüber. Die Vögel zwitschern, der Monat Mai hat alle Blumen u. frisches Grün hervorgebracht. Eine Ruhe herrscht –eine Stille lieg über dem See. Für mich so unendlich wohltuend nach dem Getöse u. Lärm in der Großstadt. Vor allem aber genieße ich die Luft. So rein u. leicht. Jeder Atemzug ist für mich ein Genuss, weil ich besonders unter der schweren Luft von Hagen zu leiden habe. Doch all diese Herrlichkeiten genieße ich immer nur in Gedanken an Dich: ich hoffe u. wünsche es, dass dies zu gleicher Zeit mein letzter Urlaub ohne Dich sein wird. Wohin ich schaue, wohin ich gehe – Du bist in Gedanken bei mir u. ich freue mich auf die Zeit, wo ich alle Schönheiten mit Dir gemeinsam erleben werde. Gott sei Dank weiß ich Dich in guter Privatpflege, so dass ich beruhigt von Dir Abschied nehmen konnte vor über 8 Tagen. Die Handwerksmesse in München, die ich in diesem Jahr wieder belegt habe, sie ist sehr anstrengend, wie immer alle Messen anstrengend sind. Und sehr heiß ist es in den Zelten. Ich habe mich für ein paar Tage von meiner Standhilfe vertreten lassen, es ist jetzt nicht viel los, in diesen Wochentagen – und bin hier nach Wiessee gefahren um neue Kraft für meine Aufgaben als Mutter und Geschäftsfrau zu schöpfen. Es ist gut, dass ich

9

abschalten kann u. mich in den kurzen Ruhepausen, die ich mir bewusst nehme – voll frischer Luft - erholenden Eindrücken pumpen kann. Körper und Seele reinigen sich beim kräftigen Aus und Einatmen und so stoße ich nicht nur Schlacken aus dem Körper ab, sondern auch aus meiner Seele verbanne ich hässliche und sorgenvolle Gedanken – um mit dem frischen Sauerstoff, der reinen Berg und Seeluft – zu gleicher Zeit auch reine Gedanken einzuatmen. Natürlich komme ich, da ich allein und zu kurz hier bin, kaum mit Menschen in Berührung oder ins Gespräch. Ergibt es sich aber, dann warte ich nur die Gelegenheit ab, von Dir zu erzählen, bzw. wenigstens Dich erwähnen zu können. Z.B. wartete ich eben in der Hotelhalle einen kurzen Augenblick, da saß mir gegenüber in einem großen Sessel eine Dame und sagte zu mir: Wie machen Sie es nur, dass Sie eine so gute Figur behalten! So schön schlank sind Sie! Du kannst Dir denken, mein Liebes, wie stolz Deine Mutti über diese Worte war. – Ich erwiderte: „Ich tue nichts Besonderes dagegen. Dabei kann ich Ihnen noch verraten dass ich vor 15 Monaten ein Baby bekommen habe." Die Dame war sprachlos. Nun, sie selbst wog mindestens zwei Zentner und füllte den riesengroßen Sessel ganz aus. Nun, ich muss ehrlich gestehen, dass ich selbst kaum daran geglaubt habe, meine alte, gute Figur, die ich vor Deiner Geburt hatte, wiederzubekommen. Ich wog, während ich Dich trug, 30 Pfund mehr und war so dick geworden, dass es erschreckend war, und jeder an

Zwillinge bei mir glaubte. Aber, so eitel eine Frau auch ist – mir hat die dicke Fülle trotzdem nichts ausgemacht. Für Dich, mein Liebling, hätte ich meine Figur und noch Vieles mehr geopfert –. München hat für uns beide, liebe Cornelia, einen besonderen Sinn: Denn genau vor 2 Jahren stellte ich in München fest, dass ich Dich erwarten würde. Du warst gerade einige Wochen – oder mehrere Tage alt – und damit kam die große Wende in mein Leben! Vor 2 Jahren in München begann ich mich mit Dir zu beschäftigen. Seitdem kreisten meine Gedanken um Dich. Ein Wesen, was ich noch nicht kannte, was aber bereits unter meinem Herzen lag u. wuchs – von Woche zu Woche größer wurde. Ich kann Dir versichern, dass mich dieser Gedanke vom ersten Augenblick an mit den schönsten Hoffnungen und mit größter Freude erfüllte. (siehe S. Beauvoir) In München begannen dann auch schon die körperlichen Leiden und Beschwerden. Mir wurde übel – das Essen konnte ich nicht mehr vertragen. Magenbeschwerden setzten ein – die mich in den darauffolgenden Monaten nicht mehr verließen. Von München aus fuhr ich wieder nach Hagen – von dort nach Dortmund zur nächsten Ausstellung: ich musste doch Geld verdienen und Bestellungen auf meine Kleider sammeln.

Erholung und Gewissheit auf Sylt

In Dortmund wurde mir die Messe schwer. Dann ging es weiter, zur D.O.B. 3 nach Hamburg. In Hamburg

11

war mir so übel, dass ich die Messe abbrechen musste und mich zur Erholung nach Westerland absetzte. Hier an der Nordsee bekam ich etwas Linderung. Aber nur, weil ich ständig in der frischen Luft war und nicht arbeiten brauchte. Ich konnte im Bett bleiben, den ganzen Tag, wenn es gar nicht mehr ging – ich war ständig unter ärztlicher Aufsicht. Hier in Westerland hatte ich dann endgültig die Gewissheit, dass was bisher nur frohe Hoffnung war: ich sollte ein Kind bekommen. – Der Arzt, der mich in Westerland untersuchte, sagte mir dies mit herzlichen Glückwünschen. Und seine Worte haben sich bisher bestätigt: „Ein Kind wird Sie physisch und psychisch zum Vorteil verändern". Seit dem, mein Kind, lebte ich nur noch für Dich. Mein körperlich leidender Zustand wurde durch die Freude auf Dich ertragen. Ich lebte seitdem ganz nach Innen. Stundenlang konnte ich allein – ohne Menschenseele – spazieren gehen –was mir bisher fremd war. Ich hatte so viele Gedanken –war so sehr in mir versunken, dass meine Seele ganz in mir selber ruhte, voll schönster Harmonie. Ich begann, mich intensiv mit Gott, dem Schöpfer zu beschäftigen und Zwiesprache mit ihm zu halten. Ihm hatte ich Dich zu verdanken. Er war es, der meinen lang gehegten Wunsch, ein Kind zu bekommen – Wirklichkeit werden ließ. Er hat den Lebenskeim in mir hineingelegt. Ihm habe ich meine Dankesgebete geschickt, wenn ich am Strand spazieren ging und den Sonnenuntergang erlebte – oder wenn ich tief im Sand lag u. das Rauschen des

Meeres hörte. Ich habe gebetet, er möchte Dich gesund und kräftig wachsen lassen – er möchte mir die Kraft geben dass ich Dir stets eine gute Mutter sein würde. Ich dankte ihm für seine Güte und Gnade, die er mir erwies, indem ich Dich gebären durfte. Ich dankte ihm für Dich, die Du in meinem Leib noch verborgen warst, aber ich spürte Dich schon mit meiner Seele, und glaubte auch Deine Seele schon in meinem Körper zu fühlen. Oft hielt ich Zwiesprache mit Dir und mit Gott, dem Schöpfer. (Siehe: S. Beauvoir.) Diese Zeit in Westerland, die ich zu meiner körperlichen u. seelischen Ruhe dringend benötigte und deshalb täglich genoss, wurde jäh abgebrochen.

Deine Großmutter auf dem Sterbebett

Eine Nachricht Deines Großvaters rief mich zurück, ans Sterbebett Deiner Großmutter, die Du nie kennengelernt hast. Meine Mutter war hoffnungslos an Krebs erkrankt, und der Tod konnte bald, in Wochen oder Monaten eintreten – sie wollte mich zurück haben. So fuhr ich also nach Hagen zurück – obwohl ich in diesem Augenblick des Abschieds die ersten Tränen vergoss. Ich fühlte mich noch körperlich zu elend, um mich der Sorgen und Aufregungen in Hagen, und dem Kummer, gewachsen zu fühlen. Ein ganzes Jahr wurde meine Mutter künstlich ernährt. Und ich wollte die Pflicht als Tochter meiner sterbenden Mutter erfüllen. Ich fuhr unverzüglich nach Hause – und brach meinen Urlaub in Westerland ab. In Hagen angekommen, war der Zustand von Mutter Gott sei Dank nicht so schlimm, wie erwartet. Sie hatte gerade noch einen Besuch in meinem Geschäft gemacht. Die Krankheit schlich sich schleppend weiter. Ende Juni war ich also wieder in Hagen, Du warst jetzt in meinem Leib zwei Monate alt.

Mein Bekenntnis: „Ich kriege ein Kind ohne Mann"
Meine nächste Messe war Anf. September – Frankfurt, inzwischen warst Du 4 Monate alt in meinem Bauch und so gewachsen, dass ich mir für Dich extra besondere Kleidung kaufen und arbeiten lassen musste, denn meine alten Kleider waren mir alle zu eng geworden. Dies war nun auch der Augenblick, wo ich Mutter ein Bekenntnis ablegen musste; denn bisher wussten meine engsten Verwandten und Bekannten von Deiner Existenz, aber meine Eltern noch nicht! Es war nicht leicht, und wohl für mich das Allerschwerste in dieser Zeit, was ich mit durchmachen musste. Denn ich war ja nicht verheiratet und Deine Großeltern konnten meine Beweggründe nur schwer verstehen. Als ich von Frankfurt zurückkam, ging es mit Mutter so sehr bergab, dass sie das Bett nicht mehr verließ. Im November starb sie. Es waren also noch zwei qualvolle Monate, die ich am Sterbebett von Mutter verbrachte. Ich war seelisch so labil, dass ich Tag und Nacht weinte. Sobald ich meine Füße über die Schwelle meiner Eltern setzte – rannen meine Tränen unaufhörlich. Meine Mutter in qualvollen Schmerzen

langsam und grauenvoll zu Grunde gehen und sterben zu sehen, war für mich in meinem ganzen Leben bisher das Schwerste und Grauenvollste, was ich je erlebt habe. Nachts verfolgten mich die Bilder im Traum. Ich fürchtete ernstlich, dass diese Zeit, in der Du 7 Monate alt warst, mir und Dir schaden könnte. Obwohl mir der Arzt die Besuche zu Mutter in meinem Zustand verbat, habe ich doch durchgehalten; und dann, Mutter hat Dir, liebe Cornelia, noch Deine 1. Baby Aussteuer geschenkt; obwohl sie Dich nie gesehen hat. Es liegt eine besondere Tragik in dem Schicksal Deiner Großmutter. Wie sehr hat sie sich immer Enkelkinder gewünscht. Und keins der Enkelkinder konnte sie erleben. Auch nur Dein Kusinchen Susanne hat sie auf dem Sterbebett gesehen. Welch große Freude würde sie an Dir, liebe Cornelia, haben, wenn sie Dich jetzt erleben könnte. Du würdest bestimmt sehr von Deiner Großmutter verwöhnt werden, und sie hätte Dich sehr lieb, davon bin ich fest überzeugt. Die schweren Monate, in der meine Mutter starb, konnte ich nur ertragen, dass ich mich an den Gedanken aufrichten konnte: Du wirst ein Kind bekommen, Du wirst nach dem Tode von Mutter nicht allein sein und bleiben. Du hast eine Aufgabe zu erfüllen, die schönste Aufgabe, die Gott einer Frau geben kann. Und so, liebe Cornelia, habe ich nach dem Tode Deiner Großmutter alle Kräfte daran gesetzt, wieder bewusst abzuschalten. Die bösen Schatten und Träume schwanden immer mehr, ich bot all´ meine Kraft auf, die Gedanken an die schwere Zeit

– an den Tod von Mutter und all dem Schrecklichen –
zu verbannen. Und es gelang mir.

Der neunte Monat, kurz vor deiner Geburt
Du hattest inzwischen schon so viel Kraft in mir
erzeugt, Du bewegtest Dich schon kräftig u.
strampeltest in meinem Leib – dass meine innere
Harmonie u. Zufriedenheit zurückkehrte und ich
wieder, in Gedanken an Dich, restlos glücklich wurde.
Nun begann wieder eine wundervolle Zeit, in der ich
die Schwangerschaft richtig genoss. Ich bereitete mich
innerlich ganz auf das neue Leben vor. Und auch
äußerlich. Eine Wiege wurde beschafft u. schön
ausgeschlagen; natürlich mit handgewebtem Stoff. Die
Babywäsche lag bereit u. das Babykörbchen, was in
den letzten Wochen vor Deiner Geburt vor meinem
Bettchen stand war zwar noch leer, aber ich malte mir
schon aus, wie es sein würde, wenn Du darin schriest,
u. strampeltest. In den letzten Wochen konnte ich
sowieso des Nachts kaum mehr schlafen. Ich habe dann
viel gelesen u. versuchte die bestmögliche Stellung im
Liegen einzunehmen. Ich las das Buch: Die Mutter und
ihr 1. Kind. *(vgl. https://de.wikipedia.org/wiki/Johanna
Haarer)* und andere gute Lektüre u. vor allem: ich aß
dabei. Jede Nacht stand ich ein paar Mal auf, weil ich
es vor Hunger nicht aushalten konnte. Dann ging ich
erst in die Küche oder aß all die Dinge, die ich mir
vorsorglich schon auf dem Nachttisch bereit gelegt
hatte. 3 – 4 Äpfel aß ich fast jede Nacht. Oder auch 1 –

16

2 ganze Tafeln Schokolade – mehrere Apfelsinen, je nach dem, wonach mich gelüstete. –

Die Niederkunft
Und als dann die Zeit der Niederkunft kommen sollte, wartete ich tagtäglich auf Deine Geburt. Aber Du ließest Dir Zeit. Ich dachte schon, Du wolltest gar nicht aus meinem Leib heraus. Jeden Tag bekam ich 3 – 4 Anrufe von all 'meinen lieben Freundinnen und Bekannten, die sich nach meinem Wohlbefinden erkundigten. Immer wieder musste ich dasselbe sagen: „Es ist noch nicht so weit. Ich glaube, mein Kind kommt überhaupt nicht." Aber: die Geduld verlor ich nicht, und auch nicht meine Ruhe. Ich ging meinen Geschäften nach, vor allem unternahm ich bis zum letzten Tag große Spaziergänge. Oft ging Dein Großvater mit mir. Aber, wenn er schon nicht mehr konnte, und sich in einer Wirtschaft am Wege ausruhen wollte, ließ ich ihn dort zurück und ging selbst weiter, 3 – 4 Stunden konnte ich gehen. Langsam, die frische Luft einatmend – das Gehen war mir großes Bedürfnis und eine rechte Wohltat. Für mich die beste Möglichkeit, die körperlichen Unannehmlichkeiten, die mein Zustand mit sich brachte, erträglich zu machen. Mit roten, frischen Wangen kehrte ich dann von solchen Spaziergängen zurück. Fast immer fanden sich Freundinnen bereit, mit mir zu gehen; denn allein wollte mich niemand mehr gehen lassen. Überhaupt habe ich in den ganzen 9 Monaten viel Liebes und

17

Gutes von meinen Bekannten, Freundinnen und Kundinnen erfahren. Ich bekam herzliche, verstehende Briefe, und Anrufe – persönliche Besuche mit Geschenken – Blumen – Obst, Schokolade. Selbst von Kundinnen, die ins Geschäft kamen, und die ich gar nicht besonders gut kannte, brachten mir Blumen und Torte mit u. wünschten mir alles Gute. So war die Zeit für mich wundervoll – trotz der körperlichen Leiden, die mal stark, mal weniger stark waren. Fast jeden Abend ging ich zu Faulhabers, sie setzten mir den großen Sessel an den Ofen, ich konnte meine Füße hochlegen – sie brachten mir Fruchtsäfte oder was mein Herz begehrte – u. vor allem konnte ich mich bei ihnen in jeder Beziehung entspannen. Ich konnte meinen geschäftlichen Ärger erzählen oder familiäre Spannungen. Ich fand immer ein verstehendes Ohr. Meine Hausbesitzerin, Deine Patinnen, die sich schon lange von selbst als Deine Patinnen angeboten hatten, das Hausverwalter-Ehepaar, Faulhabers, meine Angestellten nicht zu vergessen, die mir ebenfalls in dieser Zeit die bestmöglichste Fürsorge und Schonung zukommen ließen, alle erwarteten mit Spannung den großen Tag Deiner Geburt. Am 5. Februar war dann dieser große Tag gekommen; an dem Du das Licht der Welt erblicktest. Am 4. Februar, als ich erwachte, war mir schon gar nicht gut – dann setzten am Nachmittag die 1. Wehen ein, in Abständen von 20 Min. Ich wusste nicht, dass es Wehen waren und arbeitete noch mit den Mädchen *(unsere Angestellten)* in der Werkstatt. Diese

rieten mir, ich solle doch ins Bett gehen – doch es
kamen noch Freundinnen u. meiner Buchhalterin hatte
ich noch zu diktieren u. so blieb ich noch bis lange
nach Geschäftsschluss im Geschäft. Dann ging ich zu
Faulhabers, um Frau F. zu fragen, ob ich wohl die
Wehen hätte; denn nun spürte ich die Schmerzen etwa
alle ¼ Stunde. Faulhabers saßen mit Frau W. der
Hausbesitzerin gemütlich beisammen und tranken
Wein. Jedes Mal, wenn meine Wehen einsetzten, dann
erhoben alle 3 das Glas, und tranken auf meine Wehen
und auf Deine bevorstehende Geburt. Somit brachten
sie mich über die Schmerzen hinweg und halfen mir
durch ihre Fröhlichkeit, alles leichter zu ertragen. Ich
musste noch mit Frau W. ins Geschäft weil sie sich
meine neuen Kleiderentwürfe ansehen wollte.
Faulhabers und Frau W. zeigte ich dann unter
zeitweilig einsetzenden Wehen meine Kollektion, und
das Ehepaar Gerlach von nebenan kamen auch noch –
u. ich verkaufte an Frau G. noch ein Kleid – musste
aber zwischendurch in die Werkstatt gehen, weil ich,
wenn die Wehen einsetzten, mich krümmte vor
Schmerzen und abwarten musste, bis diese vorüber
waren. Dann ging es wieder gut u. ich verkaufte weiter.
Schließlich um 22 00 Uhr ging ich ins Bett, Faulhabers
kamen noch beide hoch u. blieben an meinem Bett
sitzen, um abzuwarten. Wir schauten immer auf die
Uhr. Um 12. 00 nachts telefonierten wir nach der Taxe,
ich legte meine letzten Sachen in den schon lange
bereitgestellten Koffer – d.h. Frau F. nahm mir diese

Arbeit ab, denn ich selbst war nun nicht mehr in der Lage dazu, da die Wehen alle 5 Minuten einsetzten. Herr F. fuhr mit mir ins Krankenhaus. Ich blieb dann dort und bereits morgens um 6. 30 Uhr hielt ich Dich in meinen Armen. In diesem Augenblick habe ich Dich aber noch nicht recht wahrgenommen und genießen können, denn dafür war ich noch zu schwach und von der Geburt zu sehr mitgenommen. Um 8.00 Uhr, ich lag noch im Kreißsaal, telefonierte ich mit Deinem Großvater u. meinen Angestellten, u. teilte Ihnen mit, dass ich ein Töchterchen geboren hätte. Mein Vater kam dann als Erster mit Blumen u. er hat vor Rührung am Telefon Freudentränen vergossen. Nun hatte er sein 2. Enkelkind bekommen u. war zum 2. Mal Großvater geworden.

Mein liebes Kind!
Die schönsten Stunden in Frankfurt *(auf der Messe)* waren die, wenn Du mir 3 – 4 Mal am Tag an meine Brust gelegt wurdest. Ich konnte die Zeit kaum erwarten, Dich in meine Arme zu nehmen. Du warst gleich ein süßes, kleines Wesen. Für mich warst Du das schönste u. süßeste Baby der ganzen Welt. Zunächst musstest Du das Saugen lernen. Als Du es dann konntest, hast Du solange aus meiner Brust getrunken, bis Du satt warst – oder, bis Du meine Brust leergetrunken hattest. Dann lagst Du zufrieden in meinen Armen. Zunächst hattest Du noch Deine Augen zu. Allmählich begannst Du, mit großer Anstrengung,

Deine Augen zu öffnen. Und dann sah ich zum 1. Mal in – Deine blauen Augen. – Wenn ich 100 Babys zur Auswahl gehabt hätte, immer nur hätte ich, von allen Babys, nur Dich gewählt. Du hattest im Nacken lange, schwarze Haare, u. auf dem Kopf einen schwarzen Haarpflaum. Deine Kopfform hatte gleich eine schöne Form. Nur Deine Nase war breit u. stupsig. Noch lange wurdest Du wegen Deiner Stupsnase geneckt und belächelt – bis sie sich allmählich, nach Monaten, verwuchs u. sich Deinem süßen Gesichtchen anglich. Schon in der Klinik berichteten mir die Säuglingsschwestern, dass Du die Artigste im Säuglingszimmer wärst. Du schliefst, während die andern schrien. Mit Stolz verließ ich dann mit Dir die Klinik, ein so artiges, liebes Baby zu haben. Meine Freundin Anneliese holte uns mit dem Auto ab. Ich hatte so viele Blumen u. Konfekt bekommen, dass ich all diese Dinge an die Schwestern verteilte. Ich hatte ja Zeit, alle Blumen zu zählen, es waren 80 Nelken – 50 Tulpen, 6 Blumenschalen u. Körbe. Von nah u- fern trafen die Blumen durch Fleurop ein außer den vielen Telegrammen u. Briefen. Aber das schönste waren die hübschen Kleidchen, Jäckchen, Lätzchen u. Strampelhöschen, die Du bekamst. Deine Babyausteuer wuchs, es war ein großer Koffer voll, den ich mit aus dem Krankenhaus brachte. Voll von wunderschönen Babysachen. Bis heute hat diese Kleidung für Dich ausgereicht u. an Kleidung brauchte ich kaum etwas für Dich kaufen. Als ich dann zum 1.

Mal mit Dir in meiner Wohnung war, allein, ohne Hilfe, ganz auf mich selbst gestellt (denn die Hilfe, die ich einstellen wollte, ist einfach nicht erschienen), da erlebte ich die schwersten Wochen meines Lebens. Ich hatte Angst, ich würde etwas verkehrt machen. Ich hatte Angst, Dich zu füttern, Dich zu wickeln u. zu baden, kurz, Dich anzufassen. Dann die viele, ungewohnte Arbeit. Und meine Schwäche. Ich fühlte mich noch so müde u. so matt! Aber auch die Zeit ging vorbei u. ich bekam auch ein Hilfe – nach langem Suchen u. Fehlschlägen. Schon 4 Wochen nach Deiner Geburt musste ich nach Frankfurt zur Messe, nicht zum Ausstellen, nur für 2 Tage zum Einkaufen. Es fiel mir schwer, vor allem auch die Trennung von Dir, aber es musste sein! Das Geschäft musste jetzt erst recht weitergehen. Ich habe in diesen 2 Tagen die Milch abgepumpt u. war dann heilfroh, Dich wieder an meiner Brust anlegen zu können. 3 Monate habe ich Dich gestillt – Da ich nicht genug Milch hatte, habe ich mit der Flasche zu gefüttert. Nach 3 Monaten erkannte ich Deinen eigenen Willen – denn Du wolltest einfach meine Brust nicht mehr nehmen. Ich habe alle Tricks angewandt; aber Du wurdest dabei so wütend, u. schriest wie am Spieß, so eigensinnig warst Du; Du wolltest meine Brust nicht mehr. Aus der Flasche bekamst Du die Milch leichter, während Du Dich bei der Brust zu sehr anstrengen musstest. Da ich ohnehin nicht mehr viel Milch hatte, stillte ich dann also nach 3 Monaten ab. Damit war ein schöner Abschnitt für mich als Mutter beendet; am liebsten hätte ich Dich viel länger gestillt, weil ich dann ganz besonders nah u. eng mit Dir verbunden war, wenn Du an meiner Brust lagst.

Liebe Cornelia,   **d. 18. 5. 60**
die Zeit in Bad Wiessee ist vorüber, ich befinde mich bereits im Zuge nach München. Das Schreiben im Zug ist nicht so einfach; wie Du an den vorhergehenden Seiten ersehen kannst. – Die kleine Ausspannung hat mir gut getan Ich bin mächtig braun geworden + kehre nun mit Mut + Kraft zur Handwerks- Messe nach München zurück. 20.5.60 Grade habe ich von meiner Angestellten durchs Telefon gehört, dass Du mich doch vermisst, denn wenn Du in den Laden gebracht wirst, weil Deine Pflegemutti mit Dir spazieren fahren will u. den Kinderwagen holt, dann suchst Du mich in allen Ecken u. rufst: „Mama, Mama." Aber Du bist nicht traurig, wenn Du mich nicht gefunden hast. Ich bin so sehr gespannt, ob Du mich wiedererkennst, wenn ich zurückkomme. Bisher warst Du wohl noch zu klein, denn jedes Mal, wenn ich bisher fort von Dir war, hast Du mich nicht wiedererkannt. Ich war immer recht traurig u. enttäuscht darüber.

Messe-Schluss!   **München, d. 22.5.1960**
Ich habe gerade meinen Stand abgebaut u. sitze todmüde beim Abendbrot. Der Erfolg der Messe war zufriedenstellend. Morgen geht es wieder nach Hagen,

heim zu Dir. Ich freue mich so sehr auf Dich, mein
Liebling!

Hagen, den 26.5. –Himmelfahrt!

Inzwischen bin ich wieder in Hagen u. habe Dich von
Deinen Pflegeeltern zurückgeholt. Du spielst neben mir
und wir beide sind recht glücklich u. zufrieden, dass
wir wieder beisammen sind. In der Nacht noch, als ich
heim kam von München, habe ich Dich noch aus
Deinem Bettchen geholt. Deshalb kann ich leider nicht
feststellen, ob Du mich wiedererkanntest; denn Du
schliefst in meinen Armen, als ich Dich hinüber trug.
Den anderen morgen aber, merkte ich genau, dass Du
Dein Bettchen, Dein Zuhause wiedererkanntest – u.
auch mich. Unaufhörlich riefst Du:Mama, Mama…Seit
dieser Zeit bist Du ein richtiges Mama-Kind geworden.
Wenn Du mich siehst, lachtest u. strahltest Du vor
Vergnügen. Wohin ich gehe, trippelst Du hinter mir her
wie ein kleines Hündchen. Du bist mein Schatten
geworden, der mir auf Schritt und Tritt folgt.

Mein erster Urlaub mit Dir   **Hagen, d. 8.8.60**

Eine lange Zeit ist vergangen seit meinen letzten
Aufzeichnungen; mein Kind. Inzwischen ist es wahr
geworden. Ich habe meinen ersten Urlaub nicht mehr
allein, sondern mit Dir gemeinsam verlebt. Drei lange
Wochen waren wir beide Tag u. Nacht, jede Minute
beieinander. Es war wundervoll für uns beide. Wir
waren an der Nordsee, in Norderney. Die Fahrt hast Du

artig + gut überstanden +fast gleich Freunde gefunden.
Das See Klima bekam Dir blendend, während ich in
den ersten Tagen die Inselkrankheit hatte. Du blühtest
auf in der frischen Seeluft u. warst ganz toll auf das
Wasser. Völlig nackig planschtest Du in den Wellen.
Du schriest so laut vor Vergnügen, dass alle Leute
stehen blieben u. den wassertollen Nackedei
bewunderten. Selbst, wenn die Sonne nicht schien, u. es
sogar regnete, wolltest Du ins Wasser u. schriest wie
am Spieß, wenn ich Dich herausholte. Ebenso ging es
im Wellenbad. Die Wellen konnten Dir nicht hoch
genug sein. Die vielen Fotos, die in dieser Zeit von Dir
gemacht wurden, beweisen es. Und dann der Sand: Mit
Eimer + Schaufel gewappnet tapstest Du durch den
hohen Sand + spieltest dann stundenlang vor meinem
Strandkorb. Wenn ich mit Dir allein war, dann warst
Du das artigste + liebste Kind, was ich mir denken
konnte. Aber Wehe, wenn sich Bekannte zu mir in den
Strandkorb setzten + sich mit mir unterhielten! Sofort
hörtest Du auf zu spielen, stelltest Dich vor uns auf u.
schriest u. weintest so ungezogen, dass die Bekannten
die Flucht ergriffen. Eine Unterhaltung machtest Du
unmöglich! Genauso machtest Du es auch, wenn ich
eine Dame in Norderney besuchte, mit der ich mich ein
wenig angefreundet hatte. Sie war Fußpflegerin u.
Kosmetikerin. Sobald ich mit Dir ihren Salon betrat u.
mich mit der Dame unterhalten wollte, dann begannst
Du Dich in Szene zu setzen. Du brülltest so
eigensinnig, dass Schimpfen u. Ablenken nichts half u.

ich fortgehen musste. Kaum waren wir aber allein, dann lachtest Du wieder u. warst der zufriedenste Mensch von der Welt. Waren das Deine ersten Eifersuchtsgefühle? Du warst in Norderney gerade 16 Monate alt! Wolltest Du Deine Mutti ganz für Dich allein haben? War ich mit Dir in einer größeren Gesellschaft, dann z.B. beim Morgenkaffee im Frühstückszimmer, in unserer Pension, oder im Restaurant beim Mittagessen, dann konntest Du entzückend sein. Du machtest jedes Mal regelrechte „Auftritte" Du tapptest von Tisch zu Tisch, schäkertest mit allen Herren u. Damen, quietschtest vor Wonne durchs ganze Lokal, ließest Deine Mienen u. Deinen ganzen Charme spielen. Niemand konnte Dir böse sein, wenn Du auch mit Deinem Temperament jedes Mal eine „Show" gabst u. die Aufmerksamkeit aller auf Dich lenktest. Aber die Lacher hattest Du auf Deiner Seite u. die Lacher wurden auch alle Deine Freunde. So kam es vor, dass Du auf der Straße gegrüßt u. mit Namen gerufen wurdest. Man kannte Dich bereits u. jeder hatte Freude an Dir. Der 1. Tag in Norderney am 12.6. war eine Sensation für Dich u.Dein Leben: Du machtest Deine ersten Schritte allein! Du konntest alleine laufen. Und dies geschah, als Du Dich völlig unbeobachtetes glaubtest, gerade, als ich mich mit meiner Pensionswirtin unterhielt. Vorher waren es Monate, wo Du zwar laufen konntest, Dich aber immer noch festhalten musstest. Du hattest einfach Angst, Dich loszulassen . Und wenn es nur der kleine Finger war, an dem Du Dich halten konntest. Mit der Zeit wurden dann Deine unsicheren, unbeholfenen Schritte in Norderney immer fester u. sicherer. Aber, es sah einfach zu süß aus, Dein Gang. Wie ein kleiner, tollpatschiger Bär. Wenn Du auch spät laufen gelernt hast, das Sprechen und Singen konntest Du dafür umso früher. Mit 4 Monaten begannst Du schon die 1. Worte: „Mama" zu lallen u. zu sprechen. Du wusstest natürlich noch nicht, was sie bedeuteten, aber Du übtest die Laute stundenlang. Dann kam das 2. Wort: „Ja, ja … den ganzen Tag immer hintereinander übtest Du jajajaja. Und so ging es weiter. Heute sprichst Du schon mit Deinen 1½ Jahren viele Wörter u. kennst schon ihre Bedeutung. In Norderney sagtest Du 100 x am Tag: „Bitte Mama, bitte Mama. – bitte Mami." Immer, wenn Du etwas haben wolltest, u. das war ja meistens der Fall, dann schlugst Du die Händchen zusammen u. sprachst die Worte mit einem goldigen Tonfall. Musikalisch bist Du auch. Ich stellte es schon früh fest; denn zum Erstaunen aller konntest Du auf lala die Melodie von Hänschen klein ganz singen mit völlig reinen Tönen. Du warst da noch kein Jahr alt. Neben dem Baden war Dein Hauptvergnügen in Norderney das Reiten! Wir kamen immer am Reitstall vorbei und der Besitzer zeigte Dir nicht nur die Pferde, sondern setzte Dich auch jedes Mal hinauf. Du durftest die Pferde allein nach draußen reiten. Angst hattest Du nicht. Im Gegenteil, Du schriest jämmerlich, wenn man Dich wieder herunterholte von Deinem „Hoppe-Heiter" wie Du die Pferde nanntest. Im Übrigen bist Du, auch heute noch, ein kleines Pummelchen, Du hältst sehr viel vom Essen u. hast stets einen großen Appetit. Deine Zähnchen hast Du heute, mit 1½ Jahren alle, einschließlich 4 Backenzähne. Ob es Deine Körperfülle macht? Du bist ausgesprochen faul in der Bewegung. Du hast wenig Lust, lange zu laufen, u. wo Du sitzt, da sitzt Du. Aber zu dick bist Du nicht. Du siehst es auf den Fotos. Du bist gut proportioniert, Dein Körper ist knubbelig und hat die süßen Fettrillen und Kühlchen. Das, was man auf den Fotos nicht sieht, sind Deine schönen, frischen Farben: rosig-braun getönte Haut, tief blaue – sehr schöne Augen, hübsche, hellblonde Haare und Deine schneeweißen Zähne. Und was man auf den Fotos auch nicht sieht: Deinen Charme, Deine babyhaften Bewegungen, Dein Temperament und Deine Koketterie. – Dazu Dein Ulk. Ja, Du bist ausgesprochen ulkig und ein kleiner, witziger Clown. Diese Eigenschaften sind heute noch ausgeprägter. Jetzt, wo Du schon alles versuchst nachzusprechen, bringst Du Dir oft die drolligsten Dinge heraus. Das Neuste heute ist: Du hältst Dein Näschen zu u. sagst: „Hiihihi, Höschen stinkt." Die Namen von meinen Angestellten kennst Du z.T. auch und wenn ich Dich mit in die Werkstatt nehme, dann gehst Du Reihum, gibst Händchen u. machst ein Knickschen. Gern spielst Du am Schaufenster mit den Püppchen und Puppenwagen. Wir beobachten dann aus der Werkstatt, wie sich Menschen vor dem Schaufenster versammeln

28

und Du Deine Vorstellungen gibst. Du lachst und sprichst die Leute an und hältst ihnen Deine Püppchen hin. Oder aber Du bist versunken im Spiel, u. lässt Dich durch das Zuschauen der Menschen nicht stören. Ich habe es nicht schwer, Dich immer recht schön anzuziehen; denn, seit dem Du geboren wurdest, führe ich im Geschäft auch Kinderkleider u. da suche ich Dir natürlich immer erst das Schönste aus. Von München brachte ich Dir eine Seppel-Lederhose mit Seppelhütchen mit. Du füllst die Hose ganz aus und siehst darin aus wie ein Bierbrauer v. Hofbräuhaus. In den kurzen Kleidchen mit abstehenden Röckchen dagegen wirkst Du wieder wie eine Puppe – eine kleine Prinzessin. Wenn Du auch „faul" im Laufen u. in der Bewegung bist, so bist Du aber doch sehr fleißig und arbeitsam. Du musst immer irgendetwas tun u. kannst schon so schön „fegen" u. „Staub wischen" und „Töpfchen holen" und alle möglichen Gegenstände, womit Mama Dich beauftragt hat. In der Wohnung läufst Du auch, wie ein kleiner Dackel. Nur auf der Straße wirst Du schnell müde u. willst getragen werden: „Mama, Arm". sagst Du so lange, bis ich mich erbarme. Andernfalls lässt Du Dich einfach hängen oder setzt Dich auf den Boden. Du strahlst eine blühende Gesundheit aus, obwohl ich gerade in der Beziehung schon manches mitgemacht habe bei Dir.

Deine schwere Mittelohrentzündung

D.h. von Grund auf bist Du sehr gesund u.
widerstandsfähig, sonst hättest Du die schwere
Krankheit, eine 3 Monate lange Mittelohr-Vereiterung
nicht so gut überstanden. Du als Du 10 Monate alt
warst, wurdest krank im November, hattest 8 Tage lang
über 40 – 41° Fieber, 3 Ärzte hatte ich bei Dir, bis der
3. Arzt, Dein Kinderarzt Dr. Duschl, gleich radikal
eingriff und Dich ins Krankenhaus brachte. Du wurdest
auf beiden Ohren aufgestochen. Zwischendurch holte
ich Dich wieder, das Weihnachtsfest verlebtest Du hier,
doch einen Tag danach kamst Du zum zweiten Mal ins
Krankenhaus, Du warst 11 Monate alt, da wurdest Du
am Öhrchen operiert. Der Knochen wurde
weggemeißelt + wie mir der Arzt sagte, wurde es die
allerhöchste Zeit. Es war schon alles vom Eiter
weggefressen.

Mein Liebling, sehr viel Schmerzen hast Du damals
nicht gehabt. Nach der Operation hast Du schon wieder
im Bettchen gesessen u. gelacht, u. dem Arzt
vorgemacht, wie groß Du bist. Aber es war eine ganz
schreckliche Zeit für mich. Jeden Abend habe ich für
Dich gebetet. Ich habe geweint u. hatte schreckliches
Heimweh nach Dir. Das Schlimmste: Du lagst so weit,
in Haspe im Krankenhaus und wenn ich Dich
besuchte, durfte ich Dich nicht in meine Arme nehmen,
Dich nicht streicheln. Durch ein Fenster nur durfte ich
Dich sehen. Du sahst erbärmlich aus. Dein kleines
Köpfchen u. der große Verband! Heute noch muss ich

sehr vorsichtig mit Dir sein, denn jede Erkältung kann
Dir aufs Öhrchen schlagen. Ach, Cornelia, als Du im
Krankenhaus lagst, habe ich erst recht so sehr mein
Alleinsein und meine Verlassenheit gespürt. Ich
dachte, ich wäre in meiner Wohnung, ohne Dich,
verrückt geworden. Die Stille, die nicht durch Dein
Atmen in der Nacht unterbrochen wurde, u. bei Tage
durch Dein Lachen u. Weinen war unheimlich. Die
Sehnsucht nach Dir und die Angst – unermesslich.
Heute bist Du gesund – allerdings kannst Du vorerst
nicht geimpft werden, weil Du zu Ekzemen neigst. Ich
meine, dass dies etwas in der Bährensmann-Familie
liegt, also bei mir mütterlicherseits. Bährensmann (die
Familie meiner Mutter) hat dasselbe – und mein Bruder
Walter, der in Russland gefallen ist, hatte ebenfalls
immer damit zu kämpfen. Hoffen wir, dass es nicht
schlimmer wird. Zeitweilig ist es auch ganz weg und
man sieht es auch sonst kaum. Ich bade Dich deshalb
schon immer im Töpferbad + wasche Dich mit
Teerseife. Mein Süßes, heute Abend habe ich Dich
auch gerade gebadet – dann haben wir beide noch ein
bisschen auf in meinem Bett getollt + uns gebalgt –
dann habe ich mit Dir gebetet. Du kannst schon Deine
Händchen falten u. Amen sagen – anschließend
wurdest Du in meinen Armen gewiegt + Mama sang
Dir das Schlafliedchen. Ein Gute-Nachtkuss – u. Du
lagst kamst ins Heia- Bettchen. Nun kann ich zu Dir
herübersehen, Du schläfst so friedlich, mit geröteten
Bäckchen u. dem Däumchen im Mund. Ein Bild des

Friedens! Ein Engel kann nicht schöner sein, als ein Kind im Schlaf. Aber nicht nur im Schlaf. Wenn Du Dein mit Deinem kurzen Hemdchen hier durchs Zimmer läufst, Dein kleiner nackter Popo wird vom Hemdchen nicht bedeckt, ebenso nicht Dein Bäuchlein –dann bist Du wirklich ein kleines Engelchen, dem nur noch die Flügel fehlen. In den letzten Monaten habe ich mir ernstliche Gedanken um Deine Erziehung gemacht – Ich wollte Dich in keinem Fall verwöhnen, weil es so nah liegt: Mein einziges Kind, mein Herzblättchen, mein Ein und Alles. Aber ich bin vernünftig genug, um zu wissen, dass ich Dir gerade damit den größten Schaden zufügen würde. Aber, wie konnte ich Dir etwas verbieten, wenn Du noch nicht verstanden hast, was ich Dir zu sagen hatte! Heute, mit Deinen 1½ Jahren, heute habe ich keine Sorgen mehr u. Angst, um Deine Erziehung, denn heute verstehst Du mich, u. ich kann positiv eingreifen u. Dich lenken, und Dich zum Gehorsam erziehen. Ich fange jetzt damit an, Dir Gehorsam bei zu bringen. Wenn Du im Guten nicht hören willst, gibt es Klapse hinten vor, und zwar nicht zu zart, denn das hilft nicht und Du glaubst, ich mache Spaß. Die Klapse sind so, dass Du sie spürst, und sie helfen wunderbar. Wenn ich jetzt konsequent durchhalte, und Dir nichts durchgehen lasse, dann hoffe ich, dass Du ein braves, folgsames Kind wirst, und keine verwöhnte Puppe. Deine Selbständigkeit, zu der Du jetzt schon die besten Veranlagungen zeigst, werde ich pflegen u. auch Deinen Eigenwillen, der sehr

ausgeprägt ist und zu Eigensinn neigt, in richtige
Bahnen lenken. Veranlagungsgemäß bist Du brav +
lieb + artig. Dazu eine sonnige Natur. Ich werde mein
Möglichstes tun, Dich gut + richtig zu erziehen; denn
wie gesagt: Die Erziehung bei Dir setzt jetzt gründlich
ein, weil Du mich nun verstehen kannst. Natürlich setzt
die indirekte Erziehung schon am 1. Tag der Geburt
ein, u. auch der Säugling muss zur Regelmäßigkeit –
zum Schlafen, Trinken usw. erzogen werden. Aber: wie
schon gesagt, als Säugling warst Du mustergültig! Nun
fallen mir bald die Augen zu. Es ist 24. 30 Uhr, spät in
der Nacht + morgen beginnt früh der Arbeitstag. Schlaf
gut, mein Süßes. Gott beschütze Dich!

Mein liebes Kind!   **12.8.60**

Es dauert nicht mehr lange, dann muss ich Dich wieder
für einige Zeit verlassen + Dich wie immer, wenn ich
auf Geschäftsreise gehe, in Pflege geben. Deine
Pflegeeltern Gartschitz wohnen gerade gegenüber, ein
sehr nettes Ehepaar mit einem 7 jährigen Töchterchen
Birgitt, das mit Dir spielt. Du fühlst Dich sehr wohl bei
der Familie Gartschitz + der Oma. Sie mögen Dich sehr
gern + pflegen Dich wie ihr eigenes Kind. Ich bin
beruhigt + glücklich, dass ich Dich in meiner
Abwesenheit so gut aufgehoben weiß. Ich stecke
mitten in den Vorbereitungen zur Frankfurter Messe.
Am 28.8. beginnt die Int. Herbstmesse in Frankfurt,
und da gilt es, meine Entwürfe + Kollektionen
fertigzustellen. Die Arbeit ist riesengroß, denn nicht nur

meine Kollektion für Frankfurt muss fertig sein, sondern außerdem haben meine Vertreter mehrere Kollektionen für ihre beginnenden Herbstmessen angefordert. Auch sie wollen natürlich meine Entwürfe sehen. Meine Gedanken sind also voll von schöpferischen Ideen, die in die Tat umgesetzt werden müssen. Wie immer, wenn ich schöpferisch tätig sein muss oder sein darf, fühle ich mich glücklich und in „Transzendenz" versetzt. Ich schwelge in Träumen von Farben und Formen –. Meine Weberinnen und Schneiderinnen reichen dann nie aus, all meine Ideen und Träume zu verwirklichen. Es ist ein Rausch, in dem ich mich befinde, und es fällt mir schwer mich zu bescheiden – es ist eine Kunst, die ich üben muss. Nicht alle Ideen, nicht alle Schöpfungen sind, wenn sie Wirklichkeit geworden sind wurden, lebensfähig. Nicht alle Entwürfe setzen sich durch + kommen beim Publikum, d.h. beim Kunden + beim Käufer an + finden Beifall. x Mal wird ein Modell ausprobiert u. von vielen Entwürfen schlägt vielleicht nur einer ein u. wird ein Schlager. Aber, das ist schon viel. Einen wirklichen „Messe-Schlager" herauszubringen bedeutet viel u. etwas ganz Großes. Es gehört Intuition – Können –Schöpferische Kraft + Glück dazu. Bisher ist es mir 2 x in meiner Berufslaufbahn gelungen, wirkliche „Messeschlager" herauszubringen, die nun schon einige Jahre laufen + vielleicht auch in der Zukunft noch mehrere Jahre laufen werden. Ob bei den jetzigen Entwürfen wieder ein „Schlager" dabei ist, weiß ich nicht, das wird sich erst im Laufe der Zeit heraus stellen. Es ist auch möglich, dass ich an einem Entwurf, noch der noch nicht 100% ig einschlägt – so feilen kann, dass er sich doch noch im Laufe von Monaten oder Jahren zum einem Schlager entwickelt – indem ich immer wieder Verbesserungen daran vornehme. Natürlich habe ich auch schon viele Kleider entworfen, die zwar keine „Messe-Schlager" geworden sind, die aber trotzdem bei meiner Privatkundschaft gut gehen u. sehr ansprechen. Für meine Privatkundschaft muss ich wieder ganz andere Entwürfe herstellen – als wie zu den Messen. Eins muss Du wissen, mein liebes Kind: Deine Mutter hat in ihrem Beruf großen Erfolg gehabt. Der Hauptgrund zu diesem Erfolg ist in meiner Schöpferkraft zu suchen. Schon als Kind spürte ich diese künstlerische Kraft in mir, mein sehnlichster Wunsch war immer, einmal eine Künstlerin zu werden. Allerdings wusste ich nicht, auf welchem Gebiet. Ich suchte und tastete und schlug viele Wege ein; immer wollte und musste ich mich irgendwie künstlerisch betätigen. Während meiner Schulzeit waren Zeichnen – Werkunterricht und Handarbeit meine Lieblingsfächer. Meine Freizeit verbrachte ich entweder mit Lesen – oder mit Zeichnen und Handarbeiten. Große Künstler schwärmte ich an und suchte ihre Gesellschaft. Aber – von meinem Lebensweg werde ich Dir der Reihe nach erzählen in einem anderen Tagebuch, welches ich extra für Dich schreiben werde, damit Du Deine Mutter kennenlernst.

Mein lieber Schatz,

wieder ist es Nacht, während ich Dir schreibe. Ich liege in meiner Bett-Nische – in dem gemütlichen Alkoven, den ich mir nach meinen Entwürfen extra anfertigen ließ. Die Stehlampe an meiner Seite wirft ein gedämpftes rotes Licht auf mein Tagebuch. Den Bettvorhang habe ich halb zugezogen, damit Du nicht gestört wirst. Aber wenn ich aus meinem Vorhang herausluge, dann sehe ich Dich durch die Gitterstäbe Deines Kinderbettchens in selig-süßem Schlaf. Deine Bäckchen sind gerötet, Dein Atem geht ruhig und regelmäßig. – Diesmal hast Du Deine Ärmchen nach beiden Seiten ausgestreckt, wie ein fliegendes Engelchen. Heute Nachmittag haben Dich Gartschitz zur Spazierfahrt in Deinem Kinderwagen abgeholt. Als Du zurückkamst, ich stand im Laden und bediente gerade einen Kundin, wolltest Du gleich auf Mamas Ärmchen. – Schnell nahm ich Dich, als die Kundin fort war und drückte Dich ganz fest an mich. Dann roch ich etwas: Du hattest Dein Höschen voll. Das kommt nicht mehr oft vor und ich musste Dich ins Gebet nehmen. Heute habe ich Dich 3 x nach jeder Mahlzeit auf's Töpfchen gesetzt, aber meine liebe Cornelia wollte nichts machen. Das Töpfchen blieb leer. Und nun hattest Du Dein Höschen voll. Ich hoffe, dass Du recht bald begreifst, dass Du nichts mehr ins Höschen machen darfst. Du Schlingel! –Vor einigen Tagen besuchte mich Prof. Dr. Steinbeck (Wolfram Steinbeck – vgl.

36

https://de.wikipedia.org/wiki/Wolfram_Steinbeck_(Phil osoph); ich kenne ihn schon seit Jahren von der Volkshochschule her. Seine Vorlesungen in Philosophie habe ich immer regelmäßig besucht bis zu dem Zeitpunkt, wo Du, Cornelia, unterwegs warst. Prof. St. hat mich seitdem in seinen Kursen vermisst + neulich fand sich zum ersten Mal bei seinem Besuch Gelegenheit, eingehend über Dich zu sprechen u. das damit zusammenhängende Problem der unverheirateten Frau von heute zu sprechen. Unsere Unterhaltungen waren eingehend, aber auch für mich sehr anregend und fruchtbringend. Prof. Dr. Steinbeck empfahl mir u.a. ein Buch, welches ich mir jetzt gekauft und inzwischen gelesen habe. „Simone Beauvoir" „Die Frau – „das andere Geschlecht". In folgenden Gedanken spricht sie mir aus der Seele: „Das Kind soll der Frau eine wirkliche Autonomie sichern, die sie der Hingabe an ein anderes Ziel enthebt. Wenn sie als Ehefrau (oder: ich setze hinzu: als unverheiratete Frau) kein vollständiges Individuum ist, wird sie es als Mutter: Das Kind ist nicht nur ihre Freude, sondern auch ihre Rechtfertigung. In ihm verwirklicht sie sich. In ihm erhält die Institution der Ehe ihren Sinn und erreicht ihr Ziel". (Ich ergänze: „Im Kind erhält die unverheiratete Frau ihren Sinn und erreicht ihr Ziel") In der Schwangerschaft habe ich auch so empfunden, wie S. Beauvoir schreibt: „Indem die Mutter das Kind in sich birgt, fühlt sie sich weltenweit. Sie hat den Eindruck, sie sei überhaupt nichts mehr. Eine neue Existenz ist im

37

Begriff, sich zu offenbaren u. ihre eigene Existenz zu rechtfertigen und darüber ist sie stolz … Die Frau, die Mutter, wird in den Strom des Lebens getaucht, in das Ganze eingeordnet, sie wird zum Glied der endlosen Kette der Generationen. Zum Körper, der für und durch einen anderen Körper existiert …Ihr Körper gehört endlich ihr, da er für das Kind da ist, das ihr gehört. In ihrem Körper und in ihrer sozialen Würde entfremdet, hat die Mutter das beruhigende Gefühl, sich als ein Wesen an sich, als einen feststehenden Wert zu empfinden …" Viele Frauen finden so in ihrer Schwangerschaft einen wundervollen Frieden (ich ergänze: in ihrer Mutterschaft!) Sie fühlen ihre Daseinsberechtigung erfüllt. – Ihre Daseinsberechtigung liegt da in ihrem Leib – in ihrem Kind – und verleiht ihnen ein vollendetes Glücksgefühl. Nun sind sie der Ausdruck des Lebens der Ewigkeit ….Die Mutter findet im Kind die Erfüllung, sie erfasst in ihm, was der Mann in der Frau sucht, „das Andere" Es verkörpert für sie die ganze Natur. Jedes Kind, das geboren wird, ist ein Gott, der Mensch wird ……"

Liebe Cornelia!   **Hagen, d. 3.9.60**
Heute Abend hast Du Deine Mutter zum ersten Mal richtig weinen sehen. Wenn Du nicht bei mir gewesen wärst, hätte ich meinen Tränen freien Lauf gelassen, aber so musste ich mich beherrschen; denn Du weintest mit u. schluchztest: „Mama beint („weint"), Mama

beint". Ich wollte Dich nicht traurig machen. Am liebsten hätte ich mich richtig ausgeweint. So aber beherrschte ich mich und zwang mich, meine Tränen immer wieder zurück zu halten u. bat Dich, mich zu küssen, Deine Ärmchen schlangen sich um meinen Hals, Du drücktest mich ganz fest u. sagtest: „Ei Mama –Ei" …. das half u. tat mir gut. Wie immer, legte ich Dich zur Ruh und nun schläfst du wieder friedlich in Deinem Bettchen, während ich Dir diese Zeilen schreibe. Ich fühle mich wie zerschlagen. Gestern Abend bin ich von der Frankfurter Messe zurückgekehrt, die ein großer Erfolg für mich war. Es war bisher meine „Spitzenmesse". So viele Aufträge brachte ich mit heim u. meine Modelle fanden viel Anklang und Bewunderung. Und doch, ich wurde von Depressionen geplagt. Weshalb nur? Weiß ich es selbst zu deuten? Natürlich suche ich nach Gründen u. finde diese: Mir wächst mein Betrieb, der an Größe zunimmt, einfach über den Kopf. Ich habe Angst, den Überblick zu verlieren. Oder habe ich ihn bereits verloren? Was nützen mir die vielen Aufträge, die viele Arbeit, wenn ich doch keinen finanziellen Erfolg sehe? Die Unkosten und Ausgaben sind so hoch, dass ich mein letztes Geld von der Kasse nehmen musste, das Erbe meiner Mutter, um alle Unkosten, alle Rechnungen wenigstens zum Teil zu begleichen. Ich muss so viel vorfinanzieren, muss so hohe Löhne zahlen –dazu der Ärger mit dem Personal. Ich beschäftige so viele Menschen. Alle wollen sie Geld von mir. Ich muss immer geben.

Geschenke, Lohnerhöhungen – Der Personalmangel ist so groß – man muss alles tun, um die Leute zu halten. Aber mehr geleistet wird trotzdem nicht. Sie wissen, dass sie unentbehrlich sind – und das verdirbt den Charakter. Jeder verlangt von mir, jeder erwartet etwas von mir, und nimmt es ohne „Danke", wie selbstverständlich an. Irgendetwas passiert immer, wenn ich mal fort war. Heute zum Beispiel, ist Frau Metz, die Hausgehilfin, einfach nicht erschienen – einfach fortgeblieben, weil sie sich angeblich über ein Mädchen, eine Angestellte von mir im Geschäft, geärgert hat; Nun stehe ich allein im Haushalt. Ich weiß nicht, ob sie wiederkommt. Dann geht am 1. Okt. meine Vertreterin, Frl. Osenberg, weil sie heiratet. Einen Ersatz habe ich bisher nicht bekommen können. Und dann: die Kunden, die nicht zahlen wollen. Schicke ich Zahlungsbefehle, werden sie noch frech obendrein. Es gibt Gerichtsverhandlungen oder Pfändungen u dgl. aber ich habe noch so viele Außenstände, bei denen ich wohl kaum auf Geld hoffen kann. Ich muss mich mit so vielen Dingen herumschlagen. Es wird mir einfach zu viel. Meine Nerven halten kaum noch stand. Wenn Du nicht wärst, hätte ich bestimmt schon längst kapituliert. Du bist die Einzige in meinem Leben, die mir noch Kraft Mut und Freude bringt. Oder fehlt mir, außer Dir, noch ein Mensch, der mir mit Rat und Tat, mit Liebe und Verständnis, zur Seite steht? Ich weiß es nicht. Ich habe niemanden, mit dem ich mich mal richtig aussprechen könnte. Meine Freundinnen und meine Bekannten haben alle so viel mit sich selbst zu tun. Wohin ich auch komme, jeder klagt mir sein Leid. Jeder hat sein eigenes Kreuz zu tragen. Und dann: Ich habe einfach keine Zeit, mich Menschen persönlich etwas anzuschließen. Meine wenige Freizeit gehört ausschließlich Dir! Was bleibt da übrig? - Nichts! Und wenn ich wirklich mal einen Menschen treffe, dem ich mich öffnen könnte, dann bin ich einfach zu müde und abgespannt zu einer Aussprache. Ich schweige!

Bevor um 8. 00 Uhr meine Arbeit im Geschäft beginnt, habe ich mich über eine Stunde allein und ungestört mit Dir beschäftigt. Um 6. 30 Uhr bist Du wach, dann hole ich Dich in mein Bettchen. Es ist meine schönste Stunde. Wir erzählen uns – wir spielen und wir schlafen noch ein bisschen zusammen – ich gebe Dir Dein Frühstück und lege Dich trocken. Dann beginnt meine Arbeit. Und erst der Abend bringt mir wieder ein ungestörtes Zusammensein mit Dir. Natürlich sehe ich Dich tagsüber, wir essen zusammen, nachmittags bist Du auch unten im Geschäft – aber meine Gedanken sind bei der Arbeit. Erst am Feierabend gehöre ich Dir wieder ganz. Wenn ich Dich schlafen gelegt habe, gehe ich auch ins Bett. Meistens ist es 20.00 Uhr. Ich lese dann noch, oder schreibe. Mein Körper, meine Glieder sind zu zerschlagen, um noch etwas zu unternehmen. Und was sollte ich auch tun? Ich bin zufrieden, wenn ich Dich abends neben mir weiß. Das Wochenende gehört uns beiden ganz. Wir fahren dann meistens zu

Bekannten – oder wir bleiben zu Hause u. ruhen uns gründlich aus. Mit der Familie oder mit meinen Verwandten habe ich kaum Verbindung. Jeder lebt sein Leben. Ich glaube, niemand von ihnen weiß es, oder macht sich klar, dass ich deshalb kaum Verbindung mit ihnen aufnehme, weil ich buchstäblich so ausgefüllt bin, dass mir einfach die Zeit fehlt. Ich glaube, niemand weiß, was ich schaffen muss. Wie groß mein Betrieb ist u. dass alles ganz allein auf meinen Schultern ruht. Wenn sie mich bewundern, u. das tun sie wohl alle, dann klingt das in meinen Ohren immer so, als ob sie ein großes, schönes Spielzeug bewundern würden und sie dabei nur die Annehmlichkeiten sehen. „Dir geht es doch gut – Du kannst Dir doch alles leisten. Du bist selbständig und hast nach nichts zu fragen. Du bist frei und unabhängig. Du hast es weit gebracht. Wir bewundern und beneiden Dich"! Sie wissen alle nicht, was dahinter steckt. Mit wieviel Opfern ich alles erkaufen musste. Und doch: ich liebe meinen Beruf. Ich liebe auch mein Leben … nur, es wird mir manchmal einfach zu viel. Mein Kopf droht mir manchmal zu platzen, weil die Gedanken nicht alle Platz haben, die gedacht und durchdacht werden müssen. Heute Abend schmerzt mein Kopf und ich fühle mich so heiß, als ob ich Fieber hätte. Wie werde ich noch alles schaffen? Werde ich Herr der Lage bleiben? Es ist nicht wahr, wenn immer wieder behauptet wird, die selbständige Frau will es so haben, wie es ist, sie hat es nicht anders gewollt! Nein, die Umstände u. die Not zwingt sie

42

dazu. Es ist einfach eine Frage der Existenz. Was gäbe ich darum nur für Dich zu leben! Ohne Beruf, ohne Existenzkampf. Ich würde glücklich dabei. Erst seit ich Dich habe, weiß ich, was ich in meinem Leben versäumte. Eine Mutter von vielen Kindern hätte ich werden müssen. Mindestens 4 Kinder hätte ich gebären müssen. Die Worte der Ärzte, die mir dies sagten, bezogen sich auf meine körperliche Konstitution – ich spüre aber auch, dass ich rein seelisch gesehen, für viel Kinder prädestiniert gewesen wäre. Ich hätte sie zu meiner seelischen Entfaltung einfach gebraucht. Wie gern würde ich auch jetzt noch Dir, Cornelia, ein Schwesterchen oder Brüderchen gönnen. Wenn ich den Gedanken zum Heiraten habe nur dann, wenn ich so schnell wie möglich ein 2. Kind bekommen kann. Du bist nun schon aus dem Säuglingsalter entwachsen u. ein Kleinkind geworden. Wie wundervoll wär es für mich, noch einmal einen Säugling zu haben. Man möchte alles noch einmal wiederkehren lassen – alles noch einmal von vorn genießen, Du wirst von Tag zu Tag größer – verständiger – lernst immer mehr dazu. Man möchte die Zeit festhalten. Und doch – die Entfaltung Deines Ichs zu erleben ist so wundervoll. Du veränderst Dich täglich. Und immer bist Du für mich süß u. einmalig. Mein Kind – mein Glück. –

Holger Bonsels

In Frankfurt traf ich mit einem alten Freund zusammen. Er besuchte mich an meinem Stand mit seiner Frau, die ich zum ersten Mal kennen lernte. Er ist ein berühmter Schriftsteller. Bisher traf ich ihn bei jeder Messe in Frankfurt nur allein u. immer nur ganz kurz für 1 – 2 Stunden. Er hat mich einmal rein platonisch geliebt, vor 20 Jahren – oder er liebt mich noch – aber die Zeitumstände haben uns nie zusammengeführt. Er ist Schriftsteller und die Gespräche mit ihm haben mir immer sehr viel gegeben. Aber auch jetzt in Frankfurt geschah es, wie so oft, ich bin zu müde und zu abgespannt, u. irgendwie kam eine Leere auf. Ich bin traurig darüber, dass ich den Menschen nicht mehr viel sein kann. Besonders den Menschen nicht, die mir nahe stehen. So entfremdet man sich den besten Menschen immer mehr. Ich möchte noch geben können – aber meine Kräfte haben sich bereits im Beruf erschöpft. Die Folge: man wird Menschen gegenüber immer einsamer und rückt ab von ihnen, ob man will oder nicht. Ich müsste einen Menschen finden, der mich so liebt, dass er über diese Liebe seine eigenen Sorgen u. Nöte vergisst u. zunächst einmal versucht, ganz in mir aufzugehen, mich ganz von innen heraus zu verstehen – Geduld müsste er haben u. seine Leidenschaft zu mir müsste er so zu zügeln wissen, dass er zunächst nur das rein - Menschliche zu pflegen imstande wäre. Aber wie u. wo ist das zu finden? Ich habe kein großes Glück in der Liebe gehabt. Ich werde abgestoßen von den Männern, die nur versuchen, ihre Leidenschaft bei mir zu kühlen. Über „Chancen" bei Männern, wie man so sagt, hatte ich mich bisher nicht zu beklagen. Und auch

jetzt, mit meinen bald 42 J. werde ich noch begehrt u.
ich bekomme Anträge gemacht, Aber ich lege auf diese
Art „Anträge" keinen Wert. Ich bin für „Abenteuer"
nicht geschaffen. Natürlich schmeichelt es mir im
Augenblick, wie es jeder Frau schmeicheln würde,
noch als „Frau" begehrt zu werden, beim Tanzabend
alles andere als ein Mauerblümchen zu sein.
Liebesbriefe u. Blumen der Verehrung zu erhalten –
besonders noch in meinem Alter. – Aber –ich habe zu
viele Enttäuschungen erlebt, als dass ich noch an eine
wahre Liebe glauben könnte. Die Männer suchen heute
fast ausschließlich nur ihre erotischen Erlebnisse, ob sie
verheiratet sind, oder nicht. Ich empfinde einen solchen
Ekel davor – dass dies vielleicht der Grund dafür ist,
dass ich mich bisher nicht mehr in einen Mann
verlieben konnte. Ich bin Männern gegenüber völlig
immun geworden. Oder liegt es daran, dass mir mein
Kind die Erotik genommen hat – bzw. dass sie sich
verlagert hat – in andere Bahnen gelenkt wurde – zum
Kind hin? Dass ein Kind einer Frau sehr viel Erotik
wegnimmt, ist klar u. einleuchtend. Bei mir trifft
vielleicht alles zusammen: Das Kind – mein Beruf –die
Enttäuschungen mit Männern – das Erschöpftsein u.
der Zeitmangel. All meine Kräfte sind so eingespannt,
dass schon keine Zeit mehr übrig bleibt, in der sich
überhaupt ein Gefühl entwickeln kann. Und ich bin
(teils – teils) froh darüber. Bleiben mir doch all die
Liebesnöte erspart, unter der jede Frau, die liebt – zu
leiden hat. So habe ich in der Beziehung jedenfalls

meine Ruhe u. meinen Frieden. Andererseits allerdings, bin ich noch nicht alt genug, um ein Leben völliger Entsagung zu führen. Ob es mir nicht doch einen Auftrieb geben würde? Natürlich nur eine echte Liebe – Aber diese zu suchen wäre sowieso sinnlos. Und – ich entbehre sie nicht – noch – nicht. – Ich liebe mein Kind – und das ist mir alles vorerst genug.

Mein liebes Kind   **Hagen, der 11.10. 1961**
Inzwischen sind viele Wochen vergangen. Der Monat September war angefüllt mit Sorge und Depressionen, obwohl er mein Geburtstagsmonat war. Ich hatte schlaflose Nächte, denn trotz der vielen Aufträge schmolz das Geld mir unter den Händen, u. die Einnahmen blieben immer noch kleiner als die Ausgaben, obwohl der Umsatz von Monat zu Monat stieg. Mein letztes Geld holte ich von der Kasse, um nur alle Rechnungen begleichen zu können. Ich war verzweifelt. Ich hatte Konferenzen mit meinem Steuerberater, mit meinen Webern – ich kalkulierte alles noch einmal durch u. gelang zu dem Ergebnis, dass ich einfach an meinen Modellen, die ich meinen Vertretern liefere, zu wenig verdiene. Mit Schrecken stellte ich sogar fest, dass ich manche Sachen unter Selbstkosten abgab. Aber, meine Vertreter haben mich im Laufe der Jahre preislich so gedrückt, dass es sich kaum mehr lohnt, dafür zu arbeiten. Sie verdienen und werden reich an meinen Entwürfen u. an meiner Arbeit. Ich habe versucht, diesem Einhalt zu gebieten u.

schrieb ihnen einen Brief, in dem ich sofort eine Preiserhöhung festlegte, andernfalls ich ab sofort die Zusammenarbeit kündigte. Innerhalb von 3 Tagen waren beide Vertreter bei mir, sie kamen extra von weit her – u. es folgte eine lange Besprechung. Ich war wirklich am Ende, u. das Ergebnis ist nicht nach meinem Wunsch ausgefallen. Ich glaube, hier habe ich zum 1. Mal in meinem Leben geschäftlich gesehen versagt. Ich hätte hart bleiben sollen, u. überhaupt die ganzen Verhandlungen mit den Vertretern anders führen müssen. Es hat Wochen gedauert, mich von diesen Strapazen zu erholen. Meine Nerven waren bis zum Zerspringen gespannt, und ich fürchtete ernstlich, krank zu werden. Ich sah schlecht aus und hatte abgenommen in dieser Zeit. Nun haben sich die Wogen allmählich wieder geglättet und ich hoffe, das Jahr wird irgendwie zu Ende gehen. Immer noch hoffe ich, bei diesen vielen Aufträgen, dass doch noch Verdienst dabei herauskommt. Aber, ich weiß nichts! Es ist niemand da, der mir helfen könnte. Ich muss alles allein durchstehen und alles allein entscheiden. Auch mein Steuerberater versagt vollkommen. Das Erste, was ich nach diesen Aufregungen getan habe: ich habe mich zum Führerschein angemeldet, und nun bin ich dabei, Autofahren zu lernen. Ich will u. muss einen Wagen haben, damit ich geschäftlich gesehen mich etwas mehr von meinen Vertretern lösen kann, und nicht zuletzt, damit ich ein kleines Hobby oder Vergnügen habe. Vom Erbe meiner Mutter wurden mir 5.000 DM überwiesen. Das Fahren im eigenen Auto würde mir gegenüber der Arbeit und den Sorgen einen kleinen Ausgleich verschaffen. Und ich freue mich darauf, mit Dir, liebe Cornelia, zum Wochenende wegfahren zu können, um mal abzuschalten u. alle Sorgen hinter mir zu lassen. Ja, mein Kind, Du siehst, auch Deine Mutti macht mal schwere Zeiten mit durch. Bisher habe ich Dir immer nur von dem Glück und der Freude berichtet. Aber Du sollst auch wissen, dass es Zeiten im Leben Deiner Mutter gab, die voller Schwere und Depressionen waren. Ich habe das Wellental gefühlsmäßig überstanden, das fühle ich – ich hoffe, es beginnt nun wieder ein Wellenberg in meiner Gefühlsskala, aber Du spürst natürlich von all diesen Dingen noch nichts. Du entwickelst Dich gesund u. prächtig weiter, Du schläfst u. isst. Bist unglaublich, überschwänglich, bist voller Übermut u. Zufriedenheit. Inzwischen kannst Du fast alles sprechen. Das ist wirklich ein Wunder. Du plapperst alles nach, hast eine sehr schnelle Auffassungsgabe, bist intelligent u. dabei ungemein witzig. Wenn ich Dich nicht in diesen schweren Wochen gehabt hätt[e], ich glaube, ich wäre verzweifelt. Du hast mir wieder Auftrieb u. Kraft gegeben. Du hängst sehr an mir! Ich muss mich immer wegstehlen, sonst fängst Du an zu weinen, wenn ich fortgehe. Am liebsten möchtest Du immer bei mir sein. Du nennst mich „Mamilein" u. bist glücklich, wenn Du mich siehst u. Du in meiner Nähe sein kannst. Das Wochenende gehört uns beiden. Du weißt genau wenn

Sonntag ist, Du sagst dann: „Mamilein, heute Sonntag, Mami nicht arbeiten." Alle, die Dich kennen lernen, lieben Dich. Du besitzt schauspielerisches Talent, das steht fest – denn Du kennst keine Hemmungen u. spielst den Leuten das vor, was sie von Dir hören u. sehen möchten. Mein Liebes, bleib so, wie Du bist, dann bringst Du allen Menschen Sonnenschein, und sie vergessen allen Kummer, wenn sie Dich sehen. Und mir geht es so, ich kann nur lachen u. strahlen, wenn ich Dich sehe u. Du deinem Taufspruch alle Ehre machst: „Ich will Dich segnen, u. Du sollst ein Segen sein." In dem Augenblick ist auch bei mir der Kummer vergessen und alle beruflichen Sorgen. –´Meinen Geburtstag habe ich in diesem Monat, in Anbetracht meiner seelischen Belastungen beruflicher Art, nicht gefeiert. Ich habe absichtlich auch niemanden eingeladen. Trotzdem kamen natürlich Gratulanten. – meine „Verwandten", u. Blumen über Blumen wurden abgegeben. Abends wurde mit meiner Belegschaft noch etwas gefeiert u. Herr Monjou, mein Dekorateur, der im Nebenberuf Clown ist, hat uns den ganzen Abend zum Lachen gebracht.

Mein liebe Cornelia!   **Hagen, den 4.2.61**
Morgen ist Dein Geburtstag. Vor zwei Jahren erblicktest Du das Licht der Welt. Ich kann es kaum fassen, dass es erst zwei Jahre sind, in denen Du Dein Leben mit mir teilst. Ich kann es mir gar nicht vorstellen, dass es mal ein Leben ohne Dich gab. Mein

Leben ist so mit dem Deinen verwachsen, dass ich es mir anders gar nicht mehr vorstellen kann. Seit dem Du unter meinem Herzen lagst und seit deiner Geburt vor zwei Jahren, hat sich mein Leben von Grund auf gewandelt. Es ist schöner, sinnvoller, beglückender und zufriedener geworden. Mein Kind, drei Monate lang habe ich Dir nicht mehr geschrieben. In dieser langen Pause hat sich so manches ereignet, ich will versuchen, Dir davon zu berichten. Zuletzt schrieb ich Dir von meiner seelischen Depression, aber auch, dass ich schon bereits fühlte, wie sich Sonnenstrahlen aus den Wolken Bahn brachen. Wie recht hatte ich und wie untrügerisch war diese Vorahnung. Ich überwand den Berg und wurde wieder glücklich, sehr glücklich, und bin es noch. Auch beruflich hat sich alles zum Besten gewendet. Die Hauptsaison, die Weihnachtszeit begann. Verbunden mit viel Arbeit, aber sie war produktiv; Der Umsatz stieg und das Geschäft blühte. Ich begann, die Idee zu verwirklichen, die in meinem Tiefstand geboren wurde, meinen Führerschein zu machen und mir einen Wagen zu kaufen, Ich wollte mich mit dem Wagen beruflich unabhängiger machen u. ich bekam das Erbe meiner Mutter ja ausgezahlt, u. kaufte mir dafür ein V.W. – Käfer in weiß. Was uns beiden zu Gute kam. Dass ich jemals fahren lernen würde, habe ich mir allerdings nie zugetraut. Aber ich wollte, ich musste es versuchen u. die Anstrengungen wollte ich mit Absicht auf mich nehmen, damit sie mich von trüben und sorgenvollen Gedanken ablenken sollten. Zweimal in der Woche musste ich zum theoretischen Unterricht, und dann die praktischen Fahrübungen. Mitte Dezember bestand ich dann die theoretische Prüfung mit 0 Fehlern. Die praktische Prüfung schob ich bis Januar hinaus, weil der Weihnachtsbetrieb so toll war, dass ich nicht mehr aus meinem Geschäft heraus konnte, um Auto zu fahren. Dann wurde ich auch noch zu allem Überfluss krank. Vor Weihnachten holte ich mir eine starke Erkältung, aber ich durfte und konnte nicht ins Bett – um mich auszukurieren. Die Kundschaft im Laden wollte bedient werden. Es war viel Betrieb. Der Laden war immer voll. Ich verschleppte also die Erkältung u. bekam dann nach Weihnachten eine Stirnhöhlenvereiterung mit großen Schmerzen. Als ich dann Mitte Januar wieder gesund wurde, nahm ich die Fahrstunden wieder auf, und am 28. Jan. bestand ich dann die praktische Prüfung. Der Führerschein wurde mir ausgehändigt, ich nahm ihn mit Tränen in Empfang. Ich war fix und fertig, so hatte mich die Prüfung aufgeregt. Ich konnte mich einfach noch nicht freuen. Auch noch nicht über das neue Auto, welches ich dann gleich am nächsten Tag abholte. Ich hatte noch Angst zu fahren, und ich nahm mir immer noch einen Aufpasser mit. Heute Abend bin ich ganz allein zum ersten Mal mit Dir selbständig gefahren, und es hat viel Spaß gemacht. Ich glaube, jetzt habe ich die Angst überwunden, und die Freude, dass ich es geschafft habe, die Freude über den neuen Wagen, wird jetzt von Tag zu Tag stärker. Das

Auto habe ich Dir, mein Liebling, zum Geburtstag geschenkt. Du sagst es auch jedem, der Dich fragt, u. Du fährst schrecklich gern mit „Deinem" Auto. Du hast einen schönen, roten Sitz angeschnallt – mit Lenkrad u. Hupe. Du selbst hast Dich in den drei letzten Monaten prima entwickelt. Krank warst Du nicht, aber leider hast Du immer noch Deine Ekzeme, ich musste deshalb wieder zum Arzt. Im Übrigen aber bist Du gesund und lebendig wie ein Fisch im Wasser. Weihnachten hast Du sehr schön miterlebt. Erst der Nikolaus, der Dir schöne Sachen brachte. Aber Du selbst hast ihn bei den Mädchen in der Werkstatt gespielt. Du hast Dein entzückendes Kapuzencape angehabt und einen Watte-Bart, einen Sack auf dem Rücken mit Stutenkerls. Erst hast Du mit Deinem kleinen Klöpper, Deiner Rute, allen Mädchen den Popo gehauen, das machte Dir Riesenspaß, und dann verteiltest Du die Stutenkerls. Du sahst als kleiner Zwerg Nikolaus zu putzig aus. Und dann kam Weihnachten. Du standest staunend und stumm vorm Weihnachtsbaum mit den vielen Lichtern und hattest den ganzen Abend damit zu tun, all Deine vielen Geschenke auszupacken. Du wurdest so mit Geschenken verwöhnt, dass ich manche Sachen für das nächste Jahr fortstellen musste. Es war zu viel für Dich. Du sangst den Anfang von: „Ihr Kinderlein kommet" und kannst schon viele Lieder richtig singen. Aber wenn Du vorsingen sollst, dann schämst Du Dich schon und wirst auch albern und willst auch nicht. Nun, das macht nichts. Ich lasse Dich möglichst natürlich

entwickeln. Du bist ein sehr fröhliches Kind,
ausgelassen, übermütig, zuweilen auch frech und
eigensinnig. Neuerdings sagst Du zu mir: „Mamilein,
ich liebe Dich." Morgens ist es das Erste, wenn Du
wach wirst, dass Du zu mir ins Bett kommst. Dann
kuschelst Du Dich an mich u. ich muss Dir Märchen
erzählen. Oder ich muss mit Dir all Deine Bilderbücher
anschauen. Du bist sehr groß geworden. Bald passen
Dir Deine Schlafanzüge und Kleidchen nicht mehr.
Und dann hat sich in diesen drei Monaten noch etwas
besonders Schönes ereignet: Ich habe einen wirklich
guten Freund gefunden, der all die Eigenschaften hat,
die ich mir ersehnte. Er steht mir so zuverlässig und mit
großer Freundschaft zur Seite. Er verwöhnt auch Dich
sehr und bringt Dir immer Schokolade und schöne
Geschenke mit, und Mami bekommt stets schöne
Blumen. Ich entbehre jetzt nichts mehr u. das Leben ist
so für mich fast vollkommen. Deine Mutti ist sehr
glücklich u. ich möchte es noch lange bleiben.
[Zeichnung eines halben Herzens] Beginn: 28. Sept.
1960 Ende: Mai 1961 nach der Handwerksmesse in
München. Die Freundschaft dauerte 8 Monate, dann
zerbrach sie; Oktober 1961 Lübeck, d.16.10.[61]

Meine liebe, kleine Tochter!   **16.10.[61]**
Es sind Monate vergangen, seit ich Dir zuletzt schrieb.
Schön[e] und leidvolle Wochen liegen hinter mir.
Wieder einmal erlebte ich Höhen und Tiefen, es scheint
das Schicksal meines Lebens zu sein. Aber von Grund

auf unglücklich bin ich nicht mehr gewesen. Wie könnte ich auch, wo ich Dich, mein Schatz, besitze. Bevor Du mir geschenkt wurdest, hatte ich oft den Gedanken, wenn ich mal wieder in einem Wellental hinabstürzte, dass mein Leben nichts wert sei, und dass ich es mit Freuden hergeben würde. Dass der Tod eine Erlösung für mich sei. Weder hatte ich Angst, noch zitterte ich vor dem Tod. Das ist, durch Dein Dasein, völlig anders geworden. Jetzt zittere und bange ich um mein Leben. Ich muss Dir erhalten bleiben. Am Schlimmsten zeigt sich diese Angst, wenn ich als Beifahrer in einem Auto sitze. Nun, nachdem ich selbst Autofahren kann, kenne ich die Gefahren und auch, wenn ich nicht am Steuer sitze, fahre ich mit. Und „Oh Weh" wenn der Fahrer zu schnell oder zu unbekümmert fährt! Mein Herz klopft u. ich fürchte ein Unglück. Besser und lieber ist es mir dann schon, wenn ich selbst fahre, dann sitze ich nicht untätig dabei, sondern kann selbst etwas tun und meinen Wagen steuern. Der Gedanke allein, dass mir etwas passieren könnte u. Du allein zurück bleibst, macht mich verrückt. Ich hänge am Leben und liebe das Leben durch Dich! Kein Schmerz kann so groß sein, kein Leid so tief, ich habe Dich und Du bist mein Leben – mein Trost in allen einsamen und schweren Stunden. Ich bin nun wieder völlig frei. Bin nicht mehr an einen Menschen engagiert. Habe gute Freunde und Bekannte – das Leben läuft in meinen früheren Bahnen ab. Der Beruf, der täglich neue Probleme u. Aufregungen –

aber auch zeitweilige Erfolge mit sich bringt, u. das Leben mit Dir. Du wächst, blühst und gedeihst. Ernstliche Versuche habe ich zwischenzeitlich unternommen – mich zu verheiraten – um deinet- und unseret Willen. Selbst sogar eine Heiratsannonce aufgegeben. Ich wollte mir später keinen Vorwurf machen – schon Dir gegenüber nicht – wenigstens alles Erdenkliche versucht zu haben, den passenden Lebenspartner bzw. Ehepartner zu finden. Meine Bemühungen waren ernsthaft. Bewerber, die mich heiraten wollten, fehlten nicht. Es waren mehr als genug. Und doch nicht die Richtigen. Einmal habe ich mich sogar heimlich verlobt, wir wollten keine offizielle Verlobung und gleich heiraten. Er war Dr. jur u. rer. pol. Ich gab ihm mein Versprechen, und dann fühlte ich mich totunglücklich. Erst, als ich mich gegen ihn entschied und die Verbindung löste, fiel eine Zentnerlast von meinem Herzen. Ich war wieder frei, konnte wieder lachen und fröhlich sein.

Mein liebes Kind,
alle Versuche, die ich in dieser Richtung unternahm – bzw. die an mich von selbst herantraten – waren zum Scheitern verurteilt. Aber ich kann Dir versichern, dass ich den festen Willen zu einer Heirat besaß, und dass meine Versuche ernsthafter Natur waren. Meine Erkenntnis, die ich gewann, ist die, dass sich das Schicksal nicht erzwingen lässt. Ich habe alles Erdenkliche getan und versucht – auch schon, bevor Du

noch nicht geboren warst – immer erfolglos – obwohl ich jetzt, nach Deiner Geburt, noch mehr Bewerber hatte, als vorher. – In meinem Schicksal liegt keine Ehe – jedenfalls jetzt noch nicht. Wer weiß, ob überhaupt. Ich sage ja zu meiner Zukunft, egal wie sie sein wird. Ja zu meinem Schicksal, wie es auch kommen mag, es wird gut sein u. in jedem Fall immer das Beste für mich sein. Ich komme am Leichtesten immer dann dazu, Dir zu schreiben, wenn ich von Dir getrennt bin und ich Zeit und Ruhe zum Schreiben finde. Im vorigen Sommer war ich mit Dir an der Nordsee. In diesem Jahr habe ich leider keinen Urlaub mit Dir machen können. 3x habe ich den Versuch unternommen – Koffer gepackt, Fahrkarte in der Tasche. Aber jedes Mal kam etwas dazwischen. Meistens hielt mich das Geschäft zurück. Dann war es das Wetter. Der hiesige Sommer ist völlig verregnet. Dafür ist jetzt der Herbst umso schöner. In diesen schönen Sonnentagen habe ich mich also losgerissen – aus meinem Betrieb. Es kam alles so plötzlich + alle Faktoren trafen zusammen, (wie viele müssen es sein) um in Ruhe fahren zu können. Du bist in guten Händen bei Tante Ruth und Onkel Peter mit ihren beiden Töchtern. Du bist sehr gern dort und die Familie bringt sich um für Dich. Besonders Tante Ruth, ehemalige Kindergärtnerin, möchte Dich für immer behalten (das wäre noch schöner!) Sonntag brachte ich Dich fort nach Dortmund Hörde mit dem Auto und als ich dann allein zurückfahren musste und allein in meine Wohnung kam, hätte ich heulen können. Ich kam mir so einsam und verlassen vor, hatte großes Heimweh nach Dir, und hätte Dich am liebsten zurückgeholt. Aber am Montag musste ich mit Vater und Tante Käthe mit meinem Wagen nach Bielefeld fahren. Tante Emmchen, die einzige Schwester von Vater, Deinem Opa, ist gestorben. Nun ist Vater noch der Letzte seiner Generation. Ich war mit Dir noch vor Wochen in Bielefeld bei Tante Emmchen kurz zu Besuch gewesen – jetzt ist sie tot – mit 77 J. heimgegangen. Sie war eine hochintelligente, Frau, hatte in Oxford ind Cambridge studiert, war Studiendirektorin mit einem vielumfassenden Wissen und immer die Beste in den Examina. Dazu war sie sehr religiös, sehr gütig u. aufgeschlossen für alle Lebensfragen ind Probleme. Ich habe lange Gespräche im Laufe meines Lebens mit ihr geführt und jedes Mal hat sie mich bereichert, meinen Geist beflügelt und meine Seele ergriffen. Sie hat mir oft gesagt, dass ich viel Gemeinsames mit ihrem Wesen habe. Ich habe es auch selbst gefühlt – es war so vieles, was uns geistig, seelisch u. blutsmäßig – veranlagungsbedingt, verband. Wie ich überhaupt in meinen Veranlagungen sehr viel von den „Gieses" mitbekommen habe. Onkel Arthur, der Oberst, der vor 2 Jahren in Hagen starb, nachdem er 12 Jahre in Russisch + polnischer Gefangenschaft verbrachte – ein schweres Schicksal erlebte – zum Tode verurteilt war (als hoher Offizier von den Feinden nach dem 2. Weltkrieg) zu lebenslänglich verurteilt, dann begnadigt , und dann, als alter, gebrochener und schwerkranker

57

Mann entlassen wurde. Aber sein Geist war ungebrochen – veredelt und klar. Auch er war ein Überflieger gewesen, hochintelligent und hatte alle Fakultäten von der Universität durchlaufen. Mit ihm habe ich philosophiert, schon in meiner Jungmädchenzeit – viele Nächte lang. Beide sind nun tot – ich wurde von ihnen geliebt – ich liebte sie wieder – und am Grabe habe ich herzzerreißend geweint. Meine Tränen flossen nach außen, und mein Schluchzen verdrängte ich nach innen. Und doch: ich bin dankbar, diese beiden Menschen, meinen Onkel Arthur, u. meine Tante Emmchen – erlebt haben zu dürfen. Dankbar dafür, dass sie mir so viel gegeben haben, dass ich meinen Geist, mein Wissen durch sie befruchten und bereichern konnte. Durch sie gewann ich wichtige Erkenntnisse des Lebens und vor allem, beide waren tief religiös und führten mich immer wieder zu Gott. Und nun bin ich in Lübeck und schreibe Dir –ich fuhr am Mittwoch hierher, um mich nervlich zu erholen. Ich musste mal wieder Theaterluft atmen. Ich musste meine Seele mit schöngeistigen Dingen erfrischen. Die nervigen Anstrengungen in meinem Beruf. Der Personalmangel und die Rückschläge, die ich erfahren hatte – ich musste ein paar Tage völlig abschalten, um neue, schöne Eindrücke in mich aufzunehmen, um neue Kraft zu schöpfen, für Dich, mein Liebes. – Ich habe in Lübeck gute Freunde am Theater. Am Mittwochabend war die Premiere zum Ballettabend. Horst Goese, mein langjähriger Freund, 1. Solotänzer, seine Partnerin, die Primaballerina – Clara Gora – meine Freundin – ihr Mann der Choreograph + Ballettmeister Imre Keres (beide aus Ungarn emigriert). Es war ein großes Erlebnis. Einmal der Kunstgenuss, zum andern das Zusammensein mit diesen Künstlern, eine menschliche Wohltat. Wie lange hatte ich diese Seite des Lebens entbehrt. Ich bin umgeben u. werde aufgefressen von den beruflichen Alltäglichkeiten. Keine Zeit blieb für kulturelle Erlebnisse. So habe ich diese Tage in Lübeck genossen. Am Donnerstagabend erlebte ich die Staatsoper in Hamburg. Ebenfalls ein vollendeter Genuss an der Seite meiner Freundin, und gestern, am Freitag, ein Ausklang in der Natur. Mit Horst fuhr ich allein nach Travemünde ans Meer, wir gingen stundenlang spazieren – im Gespräch und in die Natur vertieft. Das Meer ist wohltuend und beruhigend. Balsam für müde und kranke Seelen, u. in Horst als Begleiter – ist er für mich ein Mensch, bei dem ich mich so ganz zu Hause fühle. Aus einer leidenschaftlichen Liebe vor Jahren – hat sich eine platonische Liebe und Zugehörigkeit – eine echte Freundschaft entwickelt. Eine schicksalhafte Verbundenheit, die man vielleicht nur einmal im Leben in dieser Größe und Stärke erlebt. Meine Seele fühlt sich bei ihm zu Hause und so ganz verstanden. Während ich vor Jahren durch diese echte Liebesbeziehung in Höhen u. Tiefen, in Freud und Leid, in Himmel und Hölle gestürzt wurde – von großer

Leidenschaft hin u. hergerissen. Die Liebe mit all ihren bekannten Symptomen, bis auf den Grund meines Seins durchlebte und durchlitt, hat sich nun diese Liebe gewandelt und das Leid und die Eifersucht von sich abgeworfen. Geblieben ist eine sublimierte Erotik von echter seelischer Verbundenheit. Ein Zusammensein mit Horst, u. wenn Jahre vergehen –unser letztes Treffen war vor fast 2 Jahren, macht mich immer sehr glücklich und dankbar. So ist es auch jetzt, ich fahre zurück nach Hamburg (wo ich noch eine Freundin besuche) u. dann nach Hagen – zu Dir – ich bin dankbar, die schönen, harmonischen und glücklichen Tage in Lübeck erlebten zu dürfen.

(Clara Gora – vgl.
https://de.wikipedia.org/wiki/Clara_G%C3%B3ra
Imre Keres – vgl.
https://de.wikipedia.org/wiki/Imre_Keres)

Von Deiner Entwicklung, mein Liebes, – möchte ich Dir auch noch berichten. Gestern am Meer, auf dem Spaziergang mit Horst, habe ich schon so ausführlich von Dir erzählt, dass Horst nicht müde wurde, mir zuzuhören. Du bist inzwischen, mit Deinen 2¾ Jahren ein großes, intelligentes Kind geworden, und Du sprichst alles! Hörst schrecklich gern Märchen – u. wenn Du sonst ein rechter Wildfang und sehr lebhaft und temperamentvoll bist, kannst Du beim Märchenerzählen, besonders in Opas Armen, das

Däumchen im Mund, oder in meinem Bettchen, abends vor dem Schlafengehen und in meinen Armen, völlig in Dich versinken. Du hörst mit einer Andacht und Stille zu, dass es eine Lust ist, das eine so, für jeden Erzähler, aufmerksame und dankbare Zuhörerin gefunden zu haben. Allerdings, Du kannst nicht genug bekommen, und die Geduld des Erzählers wird oft auf die Probe gestellt; denn einmal muss ja Schluss sein. –Deine Trotzperiode scheint vorüber. Es war keine leichte Zeit – aber sie war erträglich. Vor Wut Dich rot geschrien und auf die Erde getrampelt hast Du nicht. Nur: Du warst widerspenstig – frech und ungehorsam (wenn Deine Touren kamen). Auch heute noch kommt es vor, dass Du mir sagst: „Nein, ich will nicht gehorchen" – oder „nein, ich will böse sein" – aber das geht stets schnell bei Dir vorüber u. dann kannst Du wieder das liebste Kind sein. Du hilfst mir schrecklich gern bei der Arbeit. Bohnern – Fegen Staubwischen – Kochen – Wäsche waschen – dann bist Du mit einem Eifer dabei, dass es mich rührt. Seit dem 1. Oktober gehst Du in den Kindergarten. Es war die beste Lösung; denn ich bin schon Wochen ohne ein Mädchen im Haushalt und sogar seit einiger Zeit ohne Putzfrau. Die Arbeit wird mir oft zu viel – aber ich spare auch viel Geld und habe weniger Ärger. Und Du bist so gut entwickelt u. so weit für Dein Alter, dass der Kindergarten eine große Hilfe für Dich ist. Du gehst sehr gern dort hin und die Tanten erzählten mir, dass sich 2 Jungens schon so sehr um Dich gehauen hätten, jeder wollte mit Dir spielen, dass man sie auseinandertun musste. Angst kennst Du nicht. Du kletterst auf die höchste Rutsche und auf die höchsten Turnstangen u. willst den großen Kindern alles nachmachen. Die Folgen – schon am 2. Tag kamst Du mit Wunden im Gesicht nach Hause. Du warst von der Turnstange auf's Gesicht gefallen. Aber das kann Dich nicht erschüttern. Deine Liebe für Wasser ist ebenfalls unbegrenzt. Im Strandbad bist Du aus dem Wasser nicht heraus zu holen. Du schwimmst auf dem Bauch, wenn ich Dich im Rücken festhalte. Du gehst allein durchs Nichtschwimmerbecken, das Wasser geht Dir bis zum Kinn – u. Du tauchst sogar unter, weil Du es Dir von größeren Kindern abgeguckt hast. – An mir hängst Du mit großer Zärtlichkeit. Natürlich möchtest Du alles und jedes mit mir gemeinsam erleben: „Mutti, bleib doch hier – Mutti, geh' doch nicht weg – Mutti, komm doch mit". Es zerreißt mir jedes Mal das Herz – aber ich muss ja ins Geschäft und arbeiten. Dafür gehört uns das Wochenende und die Abende nach Geschäftsschluss. Natürlich, es ist zu wenig. Aber es ist nicht zu ändern. Glücklicherweise liebst Du von Natur aus die Geselligkeit – neue Eindrücke, neue Menschen. (Das hast Du von mir) u. so nimmt Dich jede neue Umgebung gleich gefangen, und Du nimmst alles mit Begeisterung auf. Wenn ich auf meine Messe fahre – oder wie jetzt, wo ich mich einige Tage von Dir trennen muss – da weinst Du nicht, Du bist gern auf „Besuch" u. fühlst Dich in Deiner neuen Umgebung wohl. Nun, Du bist es gewohnt vom Säuglingsalter an. Dreimal im

62

Jahr vollzieht sich diese Trennung von Dir im gleichmäßigen Rhythmus. Im März: die Int. Frühjahrsmesse in Frankfurt 4 Tage. Im Mai: die Int Handwerksmesse in München 10 Tage. Im September: die Int. Herbstmesse in Frankfurt 4 Tage. Ich bin dann immer 4 – 10 Tage von Dir getrennt. Die übrige Zeit sind wir zusammen – ein Gespann. –

Dein Vater
Dienstag d. 17.10.1961 Im D-Zug: Hamburg-Hagen
Mein Kind! Die acht Tage des Ausruhens und Erholens sind vorbei. Ich befinde mich auf dem Weg nach Hause zu Dir. Am Sonntag und Montagabend traf ich Deinen Vater in Hamburg. Wir haben uns viel über Dich unterhalten. Im vorigen Jahr, auf meinem Geburtstag, sah ich ihn zum letzten Mal, als er mir den Fernseh-Apparat schenkte. Er sah Dich dort auch zum letzten Mal, und da Du inzwischen ein großes Mädchen mit kleinen Zöpfchen geworden bist, musste ich viel von Dir berichten. Dein Vater sieht blendend aus. Er ist unverheiratet, Dipl. Ing. u. jetzt Abteilungsleiter bei den Philipps-Werken in Hamburg, u. ist jetzt 32 Jahre alt; also 11 Jahre jünger als ich. Mit ein Grund, weshalb wir nicht heiraten. Mit seiner Eigenwilligkeit, seinem Selbstständigkeitsdrang; - hast Du von ihm geerbt. Insbesondere die Eigenwilligkeit, die in Eigensinn und Starrsinn umschlagen kann. Im übrigen hat er Charme, ist sehr liebenswürdig. Er darf nur nicht, als „Stier-Mensch" gereizt werden. Als ich ihn damals Anfang

63

1958 kennenlernte, verliebte ich mich gleich vom ersten Augenblick an in ihn. Ilse, meine Freundin und ich machten an einem Sonntagnachmittag einen Spaziergang in den Stadtgartenwald und zum 3 Türmeweg. Dort, auf diesem Spaziergang trafen wir ihn, er war gerade erst vor einigen Tagen in Hagen angekommen. Wir gingen zu Dritt weiter, bevor wir in ein Gespräch kamen, und wir nach dem Weg fragen mussten. – Auf diesem Spaziergang lernte ich Deinen Vater kennen und schätzen, denn wir kamen ins Philosophieren, u. ich fand, dass man sich sehr gut über tiefe und ernste Probleme mit ihm unterhalten konnte. – Zwischendurch haben wir auch viel miteinander gelacht. Stundenlang waren wir zusammen und wir kehrten alle Drei erst spät abends nach Hause zurück. Das 1. Band der Freundschaft wurde geknüpft, und seitdem besuchte er mich oft, bis er von Hagen fort kam, und ich auf Messe-Reisen musste. Obwohl ich Deinen Vater sehr liebte, waren wir uns beide darüber einig, dass eine Heirat wegen vielerlei Gründen; auch wegen des großen Altersunterschiedes, keinen Sinn hätte. Die räumliche Trennung, die nun, im Mai, für uns beide aus beruflichen Gründen, erfolgen musste, nahmen wir zum Anlass, uns auch ganz zu trennen. In dieser Abschiedsnacht bist Du, mein Liebes, entstanden. Leider ahnten wir da natürlich noch nichts. Ich habe unsagbar unter dieser Trennung gelitten und viel geweint, obwohl ich einsehen musste, dass eine Trennung das Beste war. In meinem Schmerz lief ich

64

zu Frau Niestrath, der Tante Eva, die Bildhauerin, u. weinte mich bei ihr aus. Ich war das Leben leid. Ich empfand mich als überflüssig und nutzlos. Keinen Sinn in meinem leidvollen Dasein. Ich fuhr zur Messe nach München + dort erfuhr ich dann zum ersten Mal, dass ich Dich unter dem Herzen trug. Mein Leben änderte sich schlagartig mit dieser Enthüllung, und ich wurde ein völlig anderer Mensch. Ich war 39 Jahre alt, als ich Dich empfing. Was konnte mir schöneres widerfahren? Heiraten kann ich theoretisch noch mit 70 J. Aber ein Kind haben, das war jetzt die Grenze. Ich wollte Dich mit allen Fasern meines Herzens. Ich war beruflich in der Lage, und auch wohnungsmäßig. Ich war selbständig und würde niemanden zur Last fallen. Ich würde ganz allein für Dich sorgen können. Körperlich und seelisch fühlte ich mich stark dazu, Dich nicht nur zu gebären und groß zu ziehen, sondern auch die Probleme zu meistern die eine unverheiratete Frau mit einem unehelichen Kind zu meistern und zu lösen hat. Dass Du mich einmal verstehen würdest, daran zweifelte ich nicht im Geringsten. Auch jetzt glaube ich fest daran, dass unser gemeinsames Band der Liebe und Zusammengehörigkeit fest genug sein wird, und Dein Vertrauen groß genug, mich einmal zu verstehen. Der Krieg hatte gerade meine Jahrgänge vernichtet. Schon in der Statistik kannst Du nachlesen, wie groß der Frauenüberschuss ist. Weshalb sollen wir Frauen durch den Krieg doppelt bestraft werden: Einmal zur

Ehelosigkeit + zur Kinderlosigkeit verurteilt? Ich habe die ganzen Jahre genug unter beidem gelitten.

Drei-Türme-Weg – vgl.
https://de.wikipedia.org/wiki/Drei-T%C3%BCrme-Weg
Niestrath– vgl.
http://www.keom02.de/KEOM%202001/raum/hagen/niestrath_berger_eva.html

Und wenn ich zwischen beiden Faktoren zu wählen hätte: Ich würde das Letztere wählen; denn ich glaube, dass eine Frau eher auf einen Mann, als auf ein Kind verzichten kann. Mein Leid hat durch Dich, Cornelia, ein Ende gefunden. Du hast mich wieder glücklich gemacht. Die Ehelosigkeit ist auch nicht leicht für mich. Aber mit diesem Problem werde ich fertig werden. Es wird mich nicht mehr umwerfen, jetzt, wo ich Dich habe. Immer noch sitze ich im Zug. Bald kommt Hagen und ich muss aussteigen. Ich muss Dir noch von meinen Streitigkeiten im Beruf erzählen, die sich gleich nach Weihnachten zutrugen und eine große Wende herbeiführten. Also: Seit Anfang des Jahres arbeite ich kaum noch für die Brüder Pietzcker, u. seit Mai – seit der Handwerksmesse in München, wurde der endgültige Bruch herbeigeführt. Wieder einmal haben diese Brüder meine Modelle kopiert! Diesmal aber so echt, dass selbst ich sie kaum von den meinen unterscheiden kann. Vor Jahren, auf einer Ausstellung in Wiesbaden, hatten sie das Gleiche versucht u. mir dann ehrenwörtlich versprochen, nachdem ich mir einen Rechtsanwalt nahm, dieses unsaubere u. unfaire Geschäft des Kopierens aufzugeben. Nun war es wieder so weit. In München erlebte ich deshalb eine unwahrscheinliche Enttäuschung. Es war jetzt für mich klar, dass ich die Verbindung mit den P. endgültig beenden musste. Es geschah, u. seitdem habe ich ⅔ meines Umsatzes eingebüßt; Die P. Brüder verdienen nun das viele Geld mit meinen Ideen. Meine Modelle kopiert und in anderen Werkstätten gelangen sie zur Ausführung, weil diese billiger liefern können. – Zu diesem Schlag gesellte sich ein Neuer: Meine einzige Weberin, die ich noch besaß, kündigte, die 2. Weberin hatte schon Ende des Jahres gekündigt und geheiratet und 3 weitere Arbeitskräfte aus meiner Werkstatt verließen mich, weil sie heirateten und schwanger wurden. Bei dem heutigen Personalmangel, der noch Jahre andauern soll und immer schlimmer wird, ist natürlich an neue Kräfte nicht zu denken. Meine 2. Lohnweberei hat ebenfalls aus Personalmangel zugemacht. So arbeite ich nun schon seit Anfang des Jahres nur noch mit einem Drittel meiner Angestellten. Weihnachten 1960 beschäftigte ich noch, mit Lohn und Heimarbeiter, 30 Leute, jetzt sind es nur noch 10. Ich besitze noch eine Lohnweberei in Essen. Wenn ich diese nicht hätte, ständen alle Webstühle still. Ich selbst webe, so gut ich kann u. ich Zeit habe, auf einem Stuhl in der Werkstatt. Zwischendurch bekam ich mal für 6

Wochen eine Meisterin, die mir wenigstens die meine Entwürfe für Frankfurt weben konnte. – Meine buchhalterischen und schriftlichen Arbeiten mache ich jetzt auch allein, und seit Wochen nun auch noch meinen Haushalt. Mit wenig Personal auszukommen ist trotz der körperlichen Anstrengung eine Notwendigkeit.

Liebes Kind!   **München, den 15.4.62**

Wieder einmal ist die Handwerksmesse in München! Wieder einmal musste ich Dich zu Pflegeltern geben, u. ich bin getrennt von Dir u. kann Dir meine Briefe in dieses Tagebuch schreiben. Ich wohne in München immer in demselben Quartier. Ich fühle mich hier schon wie zu Hause. Gerade hatte ich mit meiner Quartierswirtin u. dem Studienrat, der hier wohnt, eine sehr interessante Unterhaltung über die Astrologie, wir sprachen die Eigenschaften der Sternzeichen durch und ich fand viele Beobachtungen vom Psychologischen her bestätigt in der Astrologie. Der Studienrat, ein Schütze, im Aszendent Wassermann, gab mir sehr gute Erläuterungen u mir ging in Vielem ein Licht auf. Du bist auch Wassermann, ich bin Waage. Wir verstehen uns gut mit allen Luft und Feuerzeichen.

Handwerksmesse – vgl.
https://de.wikipedia.org/wiki/Internationale_Handwerk
smesse

Wenn ich meinen Freundes - u. Bekanntenkreis durchgehe, so ist es Tatsache, dass die Harmonie und das Verständnis bei den Menschen gegeben ist, die ebenfalls, wie ich, einem Luft oder Feuerzeichen angehören. Mit Erd- und Wasserzeichen ist das Verständnis sehr viel schlechter. Bzw. es geht auf die Dauer nicht gut. Dein Vater ist ein Stiermensch! In seiner Wesensart hätte er nicht zu mir gepasst. Er ist amusisch, weniger geistig ausgerichtet, dafür aber materieller und auf seinen Erfolg im beruflichen, im Äußeren bedacht. Keine schlechten Eigenschaften, aber ich bin musisch, geistig interessiert u. ausgerichtet u.die seelische Harmonie – die innere Zusammengehörigkeit vom geistig-seelischen her hätte auf die Dauer zwischen uns gefehlt. Das ist letzten Endes auch der innere Grund, weshalb es für Deinen Vater und mich das Beste ist, keine Ehe miteinander einzugehen. Ich habe es gefühlt und gewusst – interessant jedoch, dass ich es bestätigt fand in der Astrologie – erst heute – als ich die Erläuterungen bekam im Verlaufe unserer eben geführten Unterhaltung, die mich einen Schritt weiter geführt hat, indem ich nun bewusster darauf achten, welch einem Sternzeichen ein Mensch angehört – man hat gewisse Anhaltspunkte u. findet kann gefühlsmäßige Neigungen und Beobachtungen bestätigt finden. Die Psychologie hat dadurch die eine Astrologie dadurch eine ganz bestimmte Ausrichtung erfahren. Mein Kleines, wie wird es Dir jetzt ergehen, wo ich nicht bei Dir bin. Wirst Du sehr nach Deiner

Mutti jammern? Ob Du Heim weh nach mir hast? Ich freue mich jetzt schon wieder darauf, Dich in meine Arme schließen zu können. Du bist in den letzten Monaten unheimlich gewachsen, und ein großes Mädchen geworden. Vor einer Woche habe ich Deine langen Haare abgeschnitten. Deine hellblonden Zöpfchen, Deinen süßen Pferdeschwanz. Aber der kurze Bubikopf steht Dir sehr gut. Jedoch: das hellblonde Haar wirst Du nicht behalten. Du bist sehr nachgedunkelt. Es fällt jetzt besonders auf, wo die hellblonden Spitzen abgeschnitten sind. Ich habe eine Haarsträhne von Dir als Andenken behalten, da kannst Du später, wenn Du vielleicht dunkel geworden bist, noch Dein schönes Blond Deiner Haare bewundern. Inzwischen haben wir beide das Weihnachtsfest verlebt u. einen gemeinsamen Urlaub in Österreich in Igls mit viel Schnee u. Sonne. Du wurdest in dem großen, eleganten Hotel, in dem wir wohnten u. indem wir auch Sylvester verlebten, als kleiner Ski-Hase sehr bewundert. Ich war so stolz auf Dich! Du bist nämlich ein lebhaftes, intelligentes, kleines Ding. Du bist so komisch, so drollig, hast keine Hemmungen – immer fröhlich u. lebhaft (sehr lebhaft!) Du gewinnst alle Herzen mit Deinem Charme. Durch Dich, mein Kleines, war ich der begehrte Mittelpunkt im Hotel d.h. Du warst es, und ich, als Deine Mutter, nahm stolz teil an Deinen Erfolgen. Jetzt steht Ostern vor der Tür u. ich kann nicht bei Dir sein. Aber dafür hole ich das Osterfest mit Dir nach! Wir beide feiern Ostern, wenn ich zurück bin, das verspreche ich Dir. Der Osterhase wird viele Eier verstecken, u. Du musst sie alle suchen. Deine Passionen in Deinem Alter sind: Märchen! Du wirst nicht müde, immer wieder muss ich Dir Märchen erzählen. Ich habe schon eine ganze Sammlung von Märchenbüchern und Märchenplatten, die ich auf den Plattenspieler im Radio auflege. Du sitzt dann auf Deiner Fußbank ganz andächtig davor, hast Deinen Daumen im Mund u. hörst zu. Deine Bilderbücher kennst Du auswendig.

Und wie ist es mir beruflich ergangen? Ich habe wieder eine Weberin, die Du sehr liebst. Das Weihnachtgeschäft war gut u. in diesem Jahr beginnen die Messen. Frankfurter Messe im Februar ist bereits gewesen –meine 2. Messe ist jetzt hier in München.

Igls – vgl. https://de.wikipedia.org/wiki/Igls

Bad Wissee, d. 24.4.62 Hotel Lederer

Zwei Jahre sind es her, seit ich dieses Tagebuch hier in Bad Wissee begann. Die Handwerksmesse in München ist beendet; drei Tage ruhe ich mich hier in Bad Wissee aus. Wieder sitze ich am Fenster, mit dem Blick auf den Tegernsee. Herrliches Sonnenwetter, ein wunderschönes Panorama. – Die schneebedeckten Berge, der See – ich bin wehmütig gestimmt. Ich habe Heimweh nach Dir! Ich bin allein –Noch 1½ Wochen

71

dauert es, bis ich Dich wiedersehe; denn am Freitag, den 27.4. beginnt eine neue Ausstellung in Augsburg, an der ich teilnehme. Mein Wagen ist voll beladen. Morgen Abend werde ich mit Dir am Telefon sprechen können. Wie sehr ich mich darauf freue, mein Liebes! Familie Bruch, bei der Du in Pflege warst, hat Dich nach Ostern wieder in die Gartenstr. gebracht. Frl. Hübner wird bei Dir in unserer Wohnung übernachten, Du siehst dann all' Deine Spielsachen wieder, schläfst in Deinem Bettchen, kannst mit den Mädchen in der Werkstatt sprechen u. morgen in den Kindergarten gehen. Du bist wieder in Deiner vertrauten Umgebung; nur Deine Mutti ist nicht da! Ob Du mich sehr vermisst? Ach, mein Schatz, wie schön wird das Wiedersehen! Ich lasse Dich aus meinen Armen nicht heraus. Ich drücke und küsse Dich u. abends darfst Du noch in mein Bettchen kommen und ich werde Dir Märchen erzählen. Ich weiß, auch Du wirst glücklich sein, wieder bei Deiner Mami im Ärmchen zu liegen. Dein Glück wird aus Deinen Augen strahlen, Dein Lachen wird mich entzücken. Auch ich werde dann glücklich sein. Wir beide gehören zusammen. u. wenn der Abschied von Dir auch tränenreich war, so hat die Trennung doch ein Gutes: Ich gewinne Abstand von meinem Betrieb, der täglich neu Aufregungen mit sich bringt. Ich gewinne auch Abstand von Dir, denn Du bist in einem Alter, wo Du die Mutter so in Anspruch nimmst, dass alle Kräfte aufgezehrt werden. Ich war am Ende meiner Kraft. Acht Tage vor München musste ich mich außerdem noch an meinen Stimmbändern operieren lassen, ich durfte Tagelang nur flüstern! Ich dachte, ich wäre verrückt geworden. Dazu die Messevorbereitungen – die Kundschaft – die Angestellten in der Werkstatt – und Dich! Meine Nerven waren aufs Äußerste gespannt – ich musste raus – fort – Ruhe – Erholung! Abschalten! Wenn auch eine Messe seine Strapazen und Anstrengungen mit sich bringt, für mich bedeuten sie trotz alledem – eine Erholung. Die Nerven beruhigen sich – die völlig neue Umgebung schafft neue Eindrücke u. die Luftveränderung – besonders in dem herrlichen München, wirkt Wunder. Was hast Du schon von einer nervösen, abgearbeiteten Mutter? Du profitierst am meisten, wenn Deine Mutti gesunde Nerven behält. Deshalb: so schwer die Trennung auch uns beiden fällt – Es ist eine nutzbringende Notwendigkeit.

Mein Liebling!   **Berlin, den 4.2.63**

Fast ein ganzes Jahr ist vergangen, seit ich Dir zuletzt in diesem Tagebuch einen Brief geschrieben habe. Ich will heute versuchen liegend im Bett, das Wichtigste nachzuholen, was sich in diesem Jahr ereignet hat. Dadurch, dass ich mich von meinen Vertretern losgesagt habe, war ich ganz auf mich gestellt, denn ich musste nun all meine Aufträge selbst einholen, von meinem Einzelhandelsgeschäft kann ich nicht leben, es bringt nicht genug ein. So habe ich in dem Jahr 1962 sehr viele Ausstellungen besucht. Von München aus ging es nach Augsburg – dann im Juni eine Ausstellung in Hagen und im Juli 5 Wochen Ausstellung in Borkum, wo ich Dich natürlich mitnahm und wo wir beide zu gleicher Zeit einen herrlichen Sommerurlaub an der Nordsee verlebten. Das ging sehr gut, denn: 1.) hatten wir eine sehr preiswerte und spottbillige Unterkunft im Hotel Atlantik, ein sehr schönes, elegantes Hotel, wo wir als „Aussteller" besonders preiswerte Unterkunft bekamen, weil das Hotel die Ausstellung arrangierte. Zweitens hatte ich mir den Stand mit der Fa. Havers aus Düsseldorf geteilt + die Verkäuferin dieser Firma, Frl. Lenzmann, mit der ich sehr befreundet bin, hat meine Kleider mit verkauft, so dass ich mit Dir, mein Liebling, einen herrlichen, erholsamen Urlaub verleben konnte, der mir, durch die Ausstellung, immerhin noch etwas einbrachte. Finanziell gesehen war jedoch der Sommer schlecht u. die Ausstellung in Borkum auch nicht besonders, aber: wir konnten wenigstens unseren Urlaub damit verdienen und darüber hinaus meinem Betrieb in Gang halten und Arbeit und Aufträge mitbringen. Herrlich braun gebrannt und wundervoll erholt kehrten wir beide von der Insel zurück. Die Sonne, die Luft, die Ruhe hat mir Kraft gegeben, von der ich jetzt noch zehre! Dann kam der Herbst: die Ausstellungen: Frankfurt, Sept. Recklinghausen Oktober Berlin: November. Alle drei Ausstellungen Spitzenerfolge! Ich konnte wieder aufatmen u. war so vollgestopft mit Aufträgen, dass ich meine Not hatte bis Weihnachten alles heraus zu schaffen. Es war irrsinnig zu tun. Personal und Heimarbeiterinnen wurden eingespannt und neu eingestellt und das Ergebnis: Es wurde geschafft! Die letzten Aufträge kamen noch am Heiligen Abend pünktlich, im letzten Moment in Berlin an. Berlin – ein Erlebnis! Die Ausstellung „Gastwirts-Konditormesse" ein Spitzenerfolg – obwohl die Brüder P., meine kopierten Modelle verkauften – wie auf jeder Messe, die ich besuchte – Jedes Mal steigt mir die Wut hoch, wenn ich mit ansehen muss, wie schon seit Jahren, dass diese Leute mit meinem geistigen Eigentum, was sie gestohlen haben, unerhörte Summen verdienen! Berlin – eine herrliche Stadt, die Menschen – wunderbar. Ich wohne hier privat, bei einem reizenden Ehepaar, fühle mich ganz wie zu Hause. Seit 1945 habe ich Berlin nicht wiedergesehen. Vor dem Krieg war ich fast jedes Jahr 1 – 2 Mal in Berlin, ich liebe die Stadt. – Wie froh war ich, als ich mit großen Schwierigkeiten nun doch noch einen Stand auf der „Grünen Woche" vom 27. Januar bis 3. Februar erhalten habe, so bin ich also zum 2. Mal auf einer Ausstellung in Berlin, kurz hintereinander, u. wohne wieder in meinem selben Quartier. Gestern am Sonntag war die „Grüne Woche" in Berlin beendet. Ich habe meinen Stand abgebaut u. kam dann in der Nacht völlig erschöpft in meinem Quartier an. Heute, am Montag, habe ich mich gründlich ausgeschlafen und mich von den Strapazen der Messe erholt. Morgen, mein Schatz, hast Du Geburtstag, Du wirst 4 Jahre alt. Da fliege ich mit dem

Flugzeug zu Dir u. schließe Dich in meine Arme! Eben noch habe ich mit Dir telefoniert, Du bist ja nun schon so verständig, dass ich Dir bereits Briefe schreiben und mich mit Dir am Telefon unterhalten kann. Frl. Witt, die Weberin, ist bei Dir geblieben. Du bist inzwischen so groß, dass ich Dich nicht mehr zu anderen Leuten geben brauche, wenn ich auf die Messe gehe. Du bleibst zu Hause in Deiner alten gewohnten Umgebung. Das ist schon ein großer Vorteil für Dich. Mein Liebes, wir werden recht schön Deinen Geburtstag feiern, wenn ich in Hagen ankomme. Nun muss ich aber noch von Weihnachten erzählen. Also: mein Plan war, wieder in die Berge zu fahren, in den Schnee. – Aber, leider, es war alles ausverkauft, wir bekamen nirgends mehr eine Unterkunft. So mussten wir diesmal einmal in Hagen Weihnachten verleben, und wir bekamen Besuch aus Schweden. Onkel Bengt, der kam u. machte die lange Reise in Kälte und Schnee, war ca. 30 Std. unterwegs – nur um 3 Tage mit uns Weihnachten zu verleben – d.h. er kam am 23.12.62 spät in der Nacht mit 5 Std. Verspätung an u. musste am 26.12. morgens den 2. Weihnachtstag schon wieder zurück nach Schweden fahren, wieder 25 – 30 Std. Bahn und Schifffahrt. Liebes, den Onkel Bengt lernte ich vor 3 ½ Jahren im Januar 1959 im F. D. Zug 15 Hamburg – Stockholm kennen. Ich fuhr zu Premiere nach Lübeck.

Grüne Woche – vgl. https://de.wikipedia.org/wiki/Gr%C3%BCne_Woche

Bengt fuhr nach Stockholm. Es war eine ganz kurze
Begegnung im Zug, daraus entspann sich ein 3 ½
jähriger Briefwechsel, und Weihnachten 1962 sahen
wir uns dann zum 2. x wieder. Mein Liebes, wir beide
sind so sehr von Onkel Bengt verwöhnt worden, – er
hat uns so unendlich viel schöne geschmackvolle
Geschenke mitgebracht, er war so lieb und reizend zu
uns, dass das Weihnachtsfest, der Besuch von Onkel
Bengt – wie ein Traum, wie ein Märchen erscheint.
Onkel Bengt hat mir die ganzen Jahre hindurch, seit
unserer kurzen Begegnung im Zug, die schönsten
Liebesbriefe geschrieben, ich habe aber diesen Briefen
nie wirklich große Bedeutung beigemessen. Nun,
nachdem er mich besucht hat, und ich ihn schätzen
gelernt habe, er seine Liebe zu mir unter Beweis
gestellt hat, muss ich ihm glauben und kann wohl
sagen, dass auch er es durch sein liebevolles Wesen,
seine vornehme, zurückhaltende Art, verstanden hat,
mein Herz zu gewinnen. – Seine Briefe, die mich nun,
nach seinem Besuch in Deutschland, erreichen, sind
voller Liebe und Zärtlichkeiten. Mein Kind: was wird
aus dieser Liebe einmal werden? Wird sie unser beider
Leben verändern? Wer kann das wissen? Die Zukunft
wird es offenbaren. Mein Herz, eines darfst Du ruhig
erfahren: Deine Mutti ist mit ihren 44 Jahren och keine
alte Frau! Sie wird noch von vielen Männern begehrt u.
selbst – wenn ich mal zum Tanzen gehe, was so selten
vorkommt, dann tanze ich viel und oft u. habe nicht
selten die schicksten und nettesten Tänzer. Ja, das

darfst Du ruhig wissen, ich werde noch bewundert u. begehrt, und Verabredungen könnte ich genug eingehen – aber – ich mache keinen Gebrauch davon. Mich interessieren diese Männer nicht. Wenn – dann muss es sich lohnen, dann muss es ein ganz außergewöhnliches Erlebnis sein, so, wie das von Onkel Bengt, für ein großes Erlebnis lohnt es sich Monate und Jahre Zurückhaltung zu üben. Ich liebe nichts Alltägliches. Vor allem, keine durchschnittlichen, gewöhnlichen Abenteuer. Ich gehe in Hagen überhaupt nicht aus. Und auf meinen Messen nur ganz selten. Denn 1.) sind die Messen so anstrengend, dass man abends todmüde ins Bett fällt. 2.) wenn ich denn doch einmal ausgehe, jetzt in Berlin war es einmal mit meiner Wirtin, dann stelle ich anschließend immer wieder fest, dass es sich nicht gelohnt hat und dass ich mich nicht für Männer interessiere, die in der Frau ja doch nur das Wild sehen, das sie jagen wollen. Wie gesagt, auch hier in Berlin – ich hatte wieder den nettesten Tänzer aus und wurde von vielen zum Tanzen aufgefordert – ich tanze sehr gern und insofern war es ein netter Abend, aber Lust zu einer Wiederholung verspürte ich nicht. So bin ich früh schlafen gegangen, um am nächsten Tag wieder auf der Messe arbeiten zu können – habe abends mit meinen Wirtsleuten zusammen gesessen und ferngesehen – so verlaufen im Allgemeinen meine Messetage. Wahrscheinlich ganz das Gegenteil, wie mancher sich mein Leben auf den Messen in fremden Großstädten vorstellt. –Aber – ich bin zufrieden weil ich Dich habe. Dieser Gedanke allein lässt mich gern auf alle anderen Freuden des Lebens verzichten, die doch keine wahren Freuden sind.

Berlin, d. 3.2. 1963 abends 24: 00 Uhr

Mein Herz,

ich schließe jetzt mit dieser letzten Seite mein erstes Tagebuch an Dich ab. Vor 4 Jahren, nachts um 24. 00 Uhr, also um dieselbe Zeit wie jetzt, waren die Geburtswehen bereits so stark, dass ich ins Krankenhaus fuhr, ich lag dort ununterbrochen in Wehen, bis morgens, um 6. 00 Uhr, als Du das Licht der Welt erblicktest. „Herzlichen Glückwunsch zu Deinem Geburtstag mein Schatz! und alles Gute auf Deinem Lebensweg!"

Danksagung an meine Mutter   9.3. 2025

Liebes Mütterlein,

jetzt erst nach 66 Jahren, und nach 36 Jahren Deines Todes, konnte ich durch die Sütterlin Stuben in Hamburg Dein Tagebuch übersetzen lassen und selber lesen. Denn Du hast wohl beim Schreiben nicht daran gedacht, dass ich Sütterlin nicht mehr in der Schule lernen würde. Herzlichen Dank für Deine Zeilen an mich, sie haben mich sehr bewegt und meine Kindheitserinnerungen sind wieder in mir hochgekommen, manche hatte ich schon längst vergessen, andere erinnere ich nur noch sehr dunkel, wieder andere haben sich mir eingeprägt und begleiten mich, eher unbewusst, bis heute. Ja, Mutti, auch Du in Deinem Sein und Deiner Art wurdest wieder präsent und fast lebendig vor meinem inneren Auge. – Zunächst möchte ich Dir dafür danken, dass Du mich unter Schmerzen und in der misslichen Lage, in der Du warst, überhaupt geboren und nicht abgetrieben hast. Denn ich meine, dass jede Frau das selbst bestimmen sollte, bis zum vierten Monat, ob sie ein Kind behalten will oder nicht, schließlich sind es ihre Organe, aus denen es erwächst, und es ist ihr Leben, was sie an der Seite des neuen Wesens verbringt und/oder opfert. Du bist ja noch unter Hitler so erzogen worden, dass Abtreibung verboten war und sogar bestraft wurde. Heute haben wir in Deutschland bis zum vierten Monat immer noch die straffreie Abtreibung, doch das hast Du auch noch mitbekommen.

Ja, ich weiß ja, für Dich war es kein Opfer, mich zur Welt zu bringen, sondern ich war die Erfüllung Deines Lebens und habe Dir scheinbar in den ersten Jahren meines Daseins überhaupt wieder einen Lebenssinn gegeben, bei all Deinem Stress als Unternehmerin und in Deinem Existenz- und Überlebenskampf. Heute kann ich nachvollziehen, wie einsam und allein du dich gefühlt hast, weil ich C., die du ja noch kennenlernen durftest, vor vier Jahren selbst verloren habe. Diese Einsamkeit und das Verlorensein hätte ich vorher gar nicht nachempfinden können, da wir 39 Jahre zusammen waren. Das hättest du nicht gedacht, was!

80

Du bist ja damals nach zwei Jahren unseres Zusammenlebens bereits gestorben. Und als Du mir geschrieben hast, warst du ja selber in Trauer, weil du deine Mutter kurz zuvor verloren hattest, als du mit mir bereits im siebten Monat schwanger warst. Ich finde, der Tod und die Trauer sind die schlimmsten Prüfungen, die ein Mensch im Leben bestehen muss. Als Du damals gestorben bist, hat mich C. sehr lieb getröstet, so dass es nicht ganz so schwer für mich war. Vor vier Jahren war niemand da, der mich hätte trösten können, da war ich ganz allein auf mich gestellt und musste mich und mein inneres Kind selber trösten.

Doch zurück zu Deinem Tagebuch an mich, zu meinen Erinnerungen. Ich erinnere mich an unser gemeinsames Schlafzimmer, an deinen Alkoven, der gegenüber von meinem Klappbett stand, und an die Gitterstäbe, die es hatte, als ich noch kleiner war. An all die Stofftiere, die auf meinem Klappbett standen, an mein Indianerzelt, das auf dem runden langflorigen, dunkelroten Teppich in unserem Schlafzimmer immer wieder aufgebaut wurde, und an meinen ersten Flipper, den du mir zu meinem achten Geburtstag schenktest, ein riesiger Kasten, der bei uns dann im Schlafzimmer am Fenster, neben deinem Alkoven stand. Ich hatte so viel Spaß damit, dass ich mir wirklich vor einigen Jahren wieder zwei Flipper gekauft habe, die jetzt in meinem Partykeller stehen. Du hattest ihn von einem Wirt erworben, der auf unserer Straße ein Wirtshaus betrieb und schließen musste. Und von den Fotos kenne ich auch die schöne Krippe, in der ich als Baby lag, mit dem handgewebten Stoff, den Du mit der Hand gewebt hast. Ja, und ich war ganz schön dick oder gut genährt auf den Bildern. Und von den Fotos sehe ich Dich, wie Du mich hochhebst und überglücklich anstrahlst. Natürlich kann ich mich auch an unsere Mädchen, Deine Angestellten, erinnern. Besonders an Hübi und Brauni (Frau Hübner und Frau Braunsdorf). Hübi hat mir das Schreiben beigebracht, du hattest ja keine Geduld dazu.

Natürlich kann ich mich nicht mehr an meine Zeit im Krankenhaus und an meine Mittelohrentzündung erinnern, als ich 10 Monate alt war. Dafür aber an manche Situationen aus meiner Kindheit, die du sicherlich nicht weißt, weil ich nie darüber gesprochen habe, weil ich sie vergessen hatte, oder aber für zu unbedeutend hielt, die ich dir jetzt aber hier erzählen möchte.

Ich erinnere mich, wie Du mich irgendwann abends aus meinem Bettchen genommen und zu unseren Nachbarn (Kuhnerts) getragen hast, ich muss so ca. 2 Jahre alt gewesen sein. Dort stand ein Gitterbett in dem Schlafzimmer unserer Nachbarn, in welches Du mich legtest, dann gingst du. Es war sehr kalt in dem Zimmer und dunkel, ich fing plötzlich an laut zu weinen und zu schreien, vor Kälte und Einsamkeit. Vor der Tür hörte ich Frau Kuhnert mit ihrem Mann reden. Sie wollte reinkommen und mich hochnehmen, doch er redete auf sie ein und hinderte sie daran, zu mir zu kommen, mich zu trösten und mich auf den Arm zu nehmen. „Sie wird schon aufhören, sie muss lernen, dass nicht immer jemand kommt, wenn sie das will und schreit, lass sie, sie wird von selbst aufhören." So kam die Nachbarin nicht, und ich habe tatsächlich nach einiger Zeit aufgehört, denn die Wut, die Trauer und mein lautes Schreien erschöpften mich und mit der Zeit wurde dadurch auch mein kleines Körperchen warm, so dass ich einschlief. Es ist komisch, dass ich diese Erinnerung tatsächlich habe, obwohl ich ja doch noch so klein war. Eine ähnliche Situation erinnere ich, da muss ich ca. vier oder fünf Jahre alt gewesen sein. Ich wachte nachts auf, doch du lagst nicht in deinem Alkoven, und ich konnte dich auch in unserer ganzen kleinen Wohnung nicht finden. Du warst weder im Bad, noch in der Küche oder im Wohnzimmer. Jedenfalls stellte ich mich bei Licht vor unseren Spiegel in der Diele, und weinte und schrie, bis mein kleines Gesicht ganz rot wurde und meine Tränen meine Augen rot verfärbten. Du hattest Dich wohl nachts rausgeschlichen und bist ausgegangen, in der Annahme, ich würde nicht aufwachen, während du fort warst. Wahrscheinlich warst du auch am nächsten Morgen wieder da, das weiß ich nicht mehr, doch wenn du es nicht gewesen wärest, hätte ich es sicherlich erinnert. Doch damit und mit der vorgeburtlichen

Prägung, was du mir ja dann auch erzählt hast, dass Du Deine Mutter während ihres Sterbeprozesses im siebten Monat begleitet hast, war für mich das Thema „Trennung und Verlust" geboren. Im siebten Monat war ich ja schon fast fertig für die Welt und habe sicherlich auch Deine Tränen und Deinen Schmerz mitbekommen. Und als ich auf der Welt und gerade mal 4 Wochen alt war, musstest Du ja schon wieder für uns und ohne mich auf die Messe fahren. Ich war für ca. eine Woche allein. Und dann noch weitere drei bis vier Male in diesem und jedem weiteren Jahr, wie du schreibst. Die Messen nahmen jedoch zu, anfangs, in den ersten drei Jahren schreibst du nur von drei oder vier Messen, doch später erwähnst du auch noch andere Großstädte und deine Zeit in Bad Wiessee, in der du zur Ruhe kommen und dein Tagebuch angefertigt hast. Versteh mich bitte nicht falsch, liebe Mutti, dies hier sind keine Vorwürfe an Dich, dass Du mich allein gelassen hast, denn ich weiß ja, Du hast es mir ja auch immer und immer wieder gesagt, Du konntest nicht anders, musstest ja für uns beide das Geld verdienen. Und vor allem, dass hat mich am meisten beim Lesen Deiner Zeilen erschüttert, Du hattest ja niemanden, warst selber ja ganz allein, Mutter Seelen allein. Ich versuche hier nur zu verstehen, warum mein Leben so verlaufen ist, und warum ich mich so entwickelt habe, wie ich jetzt bin. Ich hatte eine schönes Leben, wirklich, ich würde alles wieder so machen, glaub mir, doch manchmal wurde ich eben auch mit Gefühlen und

Umständen konfrontiert, die es mir schwer machten, und die ich durchzustehen hatte. Doch ich glaube, dass ist das Schicksal eines jeden Menschen. Jeder macht Höhen und Tiefen mit, hat Schicksalsschläge zu verkraften usw. Doch ein jeder hat auch ein anderes, ganz individuelles Lebensthema und ich glaube, wir sind auf der Welt, um dies zu erkennen und unsere spezielle Aufgabe hier auf der Erde damit besser erfüllen zu können. Erkenntnis durch Wissen und dann Aussöhnung und Liebesfähigkeit und damit die Vervollkommnung unserer Persönlichkeit ist die Aufgabe eines jeden Menschen.

Ich erinnere mich auch an meine Zeit im Kindergarten, wie ich einem Jungen von unten in die Lederhose geguckt habe, um zu sehen, was er da hat, und was so anders aussah als bei mir. Natürlich hast du mich von klein auf immer mit nach Sylt zum FKK – Strand mitgenommen, ich spielte in der Sonne, und schwamm wie ein Fisch im Meer. Es war wunderschön, diese Zeit. Abends gingen wir gemeinsam in ein Restaurant zum Essen, oder Du kochtest etwas in unserer Pension. Ich sehe Dich lachend in unserem Strandkorb, zwischen all den anderen Nackedeis.
An meine Schule und meinen Schulweg mit 6 Jahren kann ich mich dann auch besser erinnern als an meine Kindergartenzeit. Ich spielte besonders gerne Gummitwist, indem ich das Gummi zwischen zwei Laternenpfähle spannte und stundenlang mir bestimmte

Sprünge und Schwierigkeiten ausdachte, was ich dann auf dem Schulhof mit den anderen Kindern um die Wette spielte, bis einer „ab" war und einen Fehler machte. Dann kam das Seilspringen auf, zwei schlugen das Seil, und ich musste da hineinspringen und zählen, wie viele Sprünge ich schaffte, ohne Fehler, d.h. ohne im Seil hängen zu bleiben. Und dann bekam ich von dir Rollschuhe, das liebte ich auch, das Rollschuhfahren. Doch bei uns auf der Straße wohnte ja dieser schreckliche Junge, mein Klassenkamerad Thomas Adolf (der tatsächlich zwei Jahrzehnte später drei Menschen erschossen hat, siehe Wikipedia), der mich immer mit den Rollschuhen auf die Straße schubste, bis ich ihn zwei Jahre später dann verkloppte, gestärkt durch die Mitgliedschaft in einer Jungenbande, in der ich als einziges Mädchen aufgenommen wurde. Danach hat er mich nie mehr zu Tode geängstigt. Ja, meine Jungenbande, das war auch ein Erlebnis, oft bestanden wir Mutproben, in dem wir aus hoch gelegenen Fenstern sprangen, in den Schrebergärten mit Äpfeln Scheiben einschlugen, mit Gummifletschen schossen oder als Cowboys verkleidet durch die Hinterausgänge der Straßen zogen und mit Schreckschusspistolen zu Karneval Räuber und Gendarm spielten.

Ich muss so fünf oder sechs Jahre gewesen sein, da spielte ich im Stadtpark auf einem Spielplatz, nebenan war eine Toilette und ich schlich mich häufig auf das Männerklo, machte so als ob ich als Junge pinkelte, um den Penis von den Männern zu sehen. Dass ich mich

86

dabei in Gefahr begab, habe ich natürlich nicht geahnt.
Einmal sprach mich ein Mann an und fragte mich, ob
ich ihn anfasse wolle, ich war allein mit ihm, er stand in
der Ecke. Ich fühlte mich ertappt und lief ganz schnell
aus dem Klo und zu unserem Geschäft, was nur 5
Minuten entfernt war. Natürlich hätte ich ihn gerne
angefasst, denn das war so eine aufregende Sache, doch
irgendwie war es auch unheimlich und schien verboten
und gefährlich zu sein. Den Mann habe ich dann in
meinen Kinderzeichnungen als einen Mann mit Stock
und schwarzem Hut gezeichnet. Weiteres ist wohl nicht
vorgefallen, ich erinnere mich nicht mehr.
Ich muss fünf Jahre gewesen sein, zu Weihnachten, da
kam der Nikolaus, wie jedes Jahr, wieder zu uns ins
Wohnzimmer. Opa war immer nicht dabei, als er
wieder reinkam und der Nikolaus verschwunden war,
entdeckte ich, dass dieser dieselben Schuhe trug wie
der Nikolaus. Damit war der Glaube an den Nikolaus
auch Geschichte. Von Opa bekam ich auch mein erstes
Fahrrad, hinten mit Stützrädern. Ich liebte das
Fahrradfahren und schnell lernte ich auf unserem Hof
auch mit den richtigen großen Rädern der Erwachsenen
zu fahren, obwohl ich noch nicht auf dem Sattel Platz
nehmen konnte.
Das Singen und die Liebe zur Kunst habe ich auch
durch dich, liebe Mutti, gelernt, Du hast mir ja immer
als Baby und Kind so viele Lieder abends vorgesungen.
Besonders erinnere ich „Der Mond ist aufgegangen."
Stell Dir vor, ich habe später, viele Jahre nach deinem

Tod, tatsächlich selber mehrere Jahre, bis zu meiner Pensionierung, als Musik, Kunst- und Religionslehrerin gearbeitet! Du hättest Deine reinste Freude daran gehabt. Und es hat mir solch einen Spaß gemacht, dass ich es kostenlos hätte machen können. Und das in Bayern, was Du so geliebt hast, wenn auch nicht in Bad Wiessee.

Ich bin auch sehr froh und dankbar, Mutti, dass du damals für mich gekämpft hast, bei dem Rektor der Realschule, dass er es doch mit mir versuchen möge. Du hast ihn bekniet, mich doch im Internat aufzunehmen, weil mein Zeugnis nicht sehr gut aussah für eine höhere Schule. Dafür bin ich dir heute noch dankbar, denn das war der Grundstein fürs Gymnasium, später, nach der Realschule.

Glücklich war ich dann auch darüber, dass du noch miterleben konntest, wie ich meinen Doktortitel gemacht habe. Du warst sehr stolz und Deine Wünsche und Anstrengungen haben sich doch gelohnt, - mich unter all deinen Sorgen, alleine großgezogen zu haben. Enkelkinder konnte ich dir leider nicht schenken, auch keinen Schwiegersohn, warum ich so geworden bin, wie ich bin, und nur Frauen liebe, weiß ich nicht, vielleicht wollte ich dich irgendwie beschützen und dir die männliche Begleitung sein, nach der du dich dein Leben lang gesehnt hast, die dir Schutz, Sicherheit, Beständigkeit und eine Schulter zum Anlehnen gibt, ich weiß es nicht.

Liebes Mütterlein,

ich weiß auch noch, wie du mich immer Schneuzelchen oder Cornelchen genannt hast, bis ich irgendwann wütend wurde, und nicht mehr so genannt werden wollte. Heute weiß ich, du warst sehr allein und hast mir all deine Liebe gegeben, die du hattest. Und du hattest ja auch sonst niemanden, dem du deine Liebe hast geben können, jedenfalls niemanden, der Bestand hatte und bei dir blieb, mit dem du eine Zukunft hättest aufbauen können. Stimmt, mit Männern deiner Generation hattest du nicht besonders viel Glück. Viel Auswahl hattest du ja auch nicht. Die meisten waren ja im Krieg geblieben, schwerbeschädigt, innerlich und äußerlich, oder sehr viel jünger als du. Schließlich lerntest du meinen Vater in unserem Stadtwald kennen, der auch 11 Jahre jünger war als du. Und Männer deiner Generation waren ja sowieso schon sehr konservativ, wollten ein Heimchen am Herd, keine emanzipierte und selbständige Freidenkerin und Künstlerin. Beides ist Deine Tochter auch geworden, eine selbständige Freidenkerin und eine Autorin. Ja, Mutti, ich habe mehrere Bücher geschrieben, wissenschaftliche Bücher, Kinderbücher, aber auch Belletristik und Gedichte. Und meine Frau war auch Autorin, wie du weißt. Es war schön, gemeinsam das Leben zu teilen und ähnliche Interessen zu pflegen. Überhaupt wärst Du jetzt stolz auf mich, könntest du sehen, wie ich wohne, und was ich aus meinem Leben gemacht habe, das Du mir schenktest. Ich habe 30 Jahre als Lehrerin und vorher 5 Jahre als Diplom-Pädagogin gearbeitet. Das hat mir sehr großen Spaß gemacht. Ich habe so gerne unterrichtet, dass ich oft mittags nach Hause gekommen bin und sagte: „Das hätte ich wieder kostenlos machen können, so schön war es heute." Die Kinder mochten mich, und die schönsten Erlebnisse mit ihnen habe ich auch in meiner Biografie festgehalten. Ja, ich schreibe auch nebenher, wie du, Mutti. Meine Dissertation „Gleichheit und Differenz" hast du ja noch miterlebt. Es wurde tatsächlich 3000 Mal verkauft, was viel ist für eine Doktorarbeit, die normaler Weise nur in den Archiven der Bibliotheken verschimmelt. Als ich 15 Jahre an der Waldorfschule als Religionslehrerin gearbeitet habe, setzte ich mich dann mit der Anthroposophie auseinander und schrieb drei kritische Bücher zur Waldorfpädagogik, die heute noch verkauft werden. Natürlich erst unter Pseudonym, bei einem anderen Verlag. Daneben schrieb ich zwei Kinderbücher, die auch zehn Jahre bei einem Verlag verkauft wurden, und die ich dann selbst nochmals veröffentlicht habe. Später setzte ich mich dann mit dem Islam auseinander. Du musst wissen, dass wir ca. 10 Millionen Menschen, überwiegend aus islamischen Ländern bei uns aufgenommen haben. Wir sind regelrecht überschwemmt worden von diesen Menschen. Du würdest unser Deutschland jedenfalls nicht mehr wiedererkennen, das steht fest. Und damit sind schreckliche Dinge geschehen: Messerstechereien, Gruppenvergewaltigungen, Drogenkriminalität, eine zweite Gerichtsbarkeit, die unter der Hand von Clans und anderen Gruppen ausgeübt wird…um nur einiges zu nennen. Doch auch sonst, die Atmosphäre in Deutschland ist ganz anders geworden. Nicht nur, dass du in den Straßen überwiegend dunkelhäutige Menschen aus Syrien, Afghanistan, dem Irak und Nordafrika siehst, sondern auch sehr viele, die Kopftücher tragen oder sich aufgrund ihres Glaubens sogar ganz verhüllen. Die Frauen natürlich nur. Du weißt, dass mir das als Feministin besonders große Sorgen bereitet, dieses schreckliche, archaische Frauenbild, was da zu uns über die Grenze geschwappt ist und so gar nicht zu unserer Kultur passt. Und dann sind da immer unzählige Demonstrationen auf den Straßen von den politisch Linken und den politisch Rechten. Die Regierung unter Angela Merkel…ja, wir hatten 16 Jahre eine Frau an der Spitze! Ich habe sie auch gewählt, doch sie hat am Ende die gesamte CDU auf links-grün gedreht und zuletzt 1,8 Millionen junge Männer ohne Pass ins Land gelassen, das war der Anfang vom Ende. Doch hier in dem beschaulichen Ort, weit weg vom Ruhrgebiet, in dem ich wohne, ist es noch nicht so schlimm wie in den Großstädten. Denn dort finden zu Weihnachten regelmäßig Amokfahrten auf unseren Christkindlmärkten statt, wo sie uns mit Autos, überfahren, um recht viele Deutsche oder Christen zu erwischen. Es ist schlimm geworden, in unserem Deutschland, was du mit aufgebaut hast!

Deshalb möchte ich auch später mein Vermögen in eine neu gegründete Stiftung für alleinerziehende Mütter und/oder Unternehmerinnen einfließen lassen, die christlich orientiert oder konfessionslos sind. Was hältst du davon?

Soweit, meine Dankbarkeit habe ich Dir mit diesen Zeilen zum Ausdruck bringen wollen und hoffe, dass du mich irgendwo im Universum noch hören kannst, auf die ein oder andere Art.

Tochter Cornelia mit Edeltraut Giese

Edeltraud Gieses Plastik aus Ton gefertigt, vor 1959